헬멧 쓴 구청장

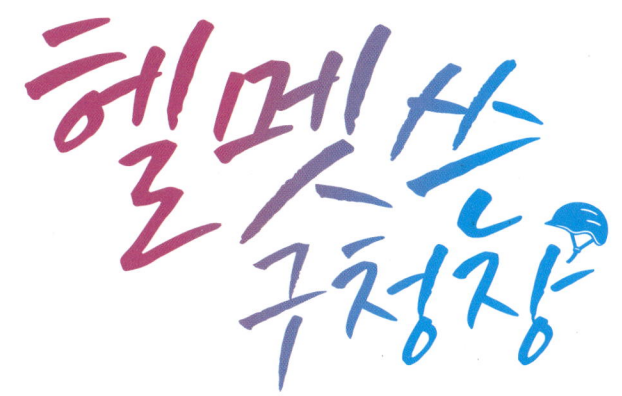

헬멧 쓴 구청장

꿈을 현실로 만드는
하버시티 부산 동구!

김진홍 지음

더한스

동구, 부산 중심에 서다

프롤로그

　　　　　수정산을 조금만 올라서 뒤를 돌아다보아도, 북항 너머 끝없이 푸른 바다가 전개된다. 가슴이 탁 트이는 시원한 조망이다.

　바다의 모습은 나의 일상에서 늘 접하는 것이다. '한국의 산토리니'라는 별명이 붙은 부산 동구 일대, 이곳 저곳 현장을 찾아다니다 보면 그런 바다 조망이 가능한 높은 곳에 일상적으로 가게 되어 있다. 그럴 때마다 바다는 내게 새로운 힘을 준다.

　지도상으로 보면 바다는 부산 밑에 붙어 있는 것처럼 보인다. 하지만 동구에서 조금만 높은 곳으로 올라가도 보이는 바다는 저 먼 곳으로, 저 높은 곳으로 향하는 길처럼 보인다. 더 높은 곳으로 나를 안내해주는 아주 기분 좋은 길과 같은 모습, 그런 모습을 항상 접할 수 있는 곳이 바로 동구다.

　반대 방향으로 돌아서면 푸른 산이 보인다. '수정산', 말 그대로 수정이 많이 나왔다고 해서 붙은 이름이다. 지금은 다 캐고 없다지만, 수정산은 여전히 보석처럼 돋보이는 자태를 자랑한다. 부산역에 내려 정면을 보면 바로 눈 앞에 보이는, 해발 316m의 나지막하고 평범한 모습의 산이지만 어딘가 단아하고 아름다운 분위기를 지니는 것은 아마도 이 산이 아직도 깊은 곳에는 빛나는 수정의 에너지를 간직하고 있기 때문인지도 모른다.

수정산 너머의 하늘 역시 푸르고 아름답다. 그 하늘은 한반도 전체를 안고 있고, 나아가서 세계 전체를 안고 있다. 우리 부산시 동구는 한반도의 동남쪽 끝에 있을 뿐 아니라 유라시아 대륙 동남쪽 끝에 있다. 그러니까 동구의 북서쪽에 자리잡은 수정산 너머로는 거대한 땅덩이가 펼쳐져 있다고 볼 수 있다.

그렇게 보면 동구는 그 자체로서 우리 조상들이 늘 강조해왔던 '명당'의 조건 중에 가장 기본적인 틀을 갖추고 있음을 알 수 있다. '배산임수(背山臨水)', 즉 산을 등지고 물에 면한 지형 중에서 가장 최고로 치는 것은 북서쪽에 산을 등지고 남동쪽에 물을 면하고 있는 형세다. 바로 우리 동구가 산 중에서 특별한 에너지를 갖는 수정산을 북서쪽으로 하고 남동쪽으로는 부산만에서 시작되는 큰 물을 끼고 있는 것이다.

덧붙여서, 여기에 좌측에 영도가 우측에는 우암동에서 이기대로 이어지는 남구의 땅이 마치 적당히 열려 있는 갑문처럼 남해의 큰 물살을 막아주고 있어서 천연적인 방파제까지 곁들여 있다. 어느 모로 보나 천혜의 항구로서 조건을 갖추고 있는 것이다. 부산항이 중국의 대규모 항만들 사이에서 비중국계 항구로서는 거의 유일하게 세계 10위권 이내 항구로서의 위치를 당당하게 지켜온 것은 결코 우연의 산물이 아니다. 앞으로 북극항로의 시대가 본격화되면 부산의 지정학적 가치는 더욱 더 상승할 것으로 예견하는 전문가들이 많다.

수정산에 올라가 부산항 앞바다를 보는 순간 그런 커다란 구도 속 동구가 느껴지면서, 행복함에 압도당하는 느낌에 젖게 된다. 하지만 눈을 돌려 현장을 보면 그 모든 것을 잊게 된다. 할 일들이 도처에 있는 게 보이기 때문이다.

　어릴적 서구 송도백사장 대통령선거 유세장에서 만난 김영삼 대통령 후보자가 어린 나와 악수를 하면서 자신의 사진에 사인을 해서 건넸던 적이 있었다. 하지만 정치인과의 인연이 전무하였던 내가 정치인으로서의 길을 걷게 될 줄은 그때는 꿈에도 생각하지 못했다. 청렴하고 깐깐하지만 생활력이 강하진 않으셨던 참전용사 출신의 아버지와, 그런 아버지를 대신해 우리 형제를 키워내신 강하지만 자애로우셨던 어머니. 그런 부모 아래에서 장남으로 자란 나는 어른이 되면 빨리 돈을 벌어 어머니를 도와드려야겠다는 생각 뿐이었다.
　미래에 대한 준비와 약간의 좌절, 그리고 안정적인 회사원 생활을 이어가던 중, 뜻 밖의 계기로 정치에 입문하지 않겠냐는 제의를 받았을 때도 거대한 야망보다는 내 주변의 사람들에게 좀 더 실질적 도움을 줄 수 있겠다는 소박한 기대감과 약간의 도전의식 정도였다.
　어쩌면 나는 정치인으로서 지금도 성장을 계속하고 있는건지 모르겠다. 지금의 과제를 잘 해내고 나면 그 다음 도전 과제로, 또 그 다음 도전 과제로 업그레이드를 해가고 있는 것은 아닐까 하는 생각도 든다.
　나의 정치적 멘토이기도 한 정의화 전 국회의장의 제의로 구의원으로 첫 발을 내딛은 뒤 시의원을 거치면서 나는 점차 정치인, 행정가로 자라났다. 그 과정에서 내가 가장 중시한 것은 아마도 구민 '눈높이'에 맞는 행정이었던 것 같다. 현장에서 실무를 살피고 실제 구민들의 삶에 도움이 되는 정치를 하자는 다짐이었다.

그런 나의 다짐은 때론 나를 위험한 상황에 몰아넣기도 했다.

지금 생각해도 아찔했던 일이 있었다. 2023년 9월1일 동구 좌천동 목욕탕 화재폭발사건이다. 좌천동이면 바다를 매립한 매축지로, 그곳의 건물들은 대체로 매립지에 세운데다 노후 주택이 많은 지역으로 대부분 재개발이 추진 중인 곳이다.

그런 곳에서 화재가 났다. 사실 보통 화재가 났다 해서 바로 정치인들이나 공무원들이 달려가진 않는다. 추가 폭발 위험이나 사고 현장의 원활한 수습을 위해 조금 시간을 두고 가는데, 그 날은 조금 달랐다.

집무실에서 업무를 보고 있는데, 평소 안부를 묻고 지내던 우리 구민 중 한 분이 급하게 전화를 걸어오셨다. "청장님, 큰일났다, 목욕탕에 불났는데, 빨리 와 보이소!" 그런 전화 요청을 받고는 모든 일을 제쳐두고 현장으로 뛰어갔다.

달려가서 보니까 소방차 10여대가 와있었다. 비도 좀 오고 있었는데, 다행히 어느 정도 상황이 수습된 것처럼 보였다. 화재 현장을 진두지휘하던 책임자는 화재현장 바로 앞에 있었다. 화재는 진압됐다고 책임자가 말했다. 내 눈으로 봐도 반지하 같은 데 있는 목욕탕에서 연기만 나고 있었고, 그 안에 소방관 한 두 명이 부지런히 움직이는 모습이 보였다.

다행히도 직접적인 인명피해는 없다는 책임자의 말에, 화재 진압은 됐구나 하고 마음을 놓는 순간, '펑'하는 소리와 함께 2차 폭발이 일어났다. 동시에 뜨거운 파편이 얼굴에 튀었다. '아, 죽었구나!' 하는 생각이 들면서 본능적으로 확 돌아서는 순간, 시뻘건 불덩어리가 밀려오며 폭발 압력으로 온 몸이 붕 뜨면서 앞으로 팍 고꾸라졌다.

당시 나는 방호복도 입지 않고 있었고, 평소에 자주 입던 민방위복 차림이었다. 앞으로 팍 엎어진 상태에서 바로 불덩어리가 나를 덮쳐 뒤에서부터 쓸고 가면서, 뒷머리부터 불이 붙어 타 내리기 시작했다.

순식간에 아수라장이 되었다. 주민들이 내 몸에 불이 붙어 있는 것을 보고 빗물 받아놓은 건지, 가까이 있던 물통을 가져와 끼얹었다. 응급차가 곧 도착했고, 나는 급하게 응급실로 실려갔다. 나도 나지만, 목욕탕 안팎에서 현장을 정리하고 있던 소방관과 경찰관들 역시 심한 화상을 입었다.

건물 폭발과 함께 날아온 파편에 맞아 상처가 났으며, 팔이나 등의 화상 상태가 가볍지는 않았다. 그나마 다행이었던 것은 2차 폭발의 순간 등을 돌렸기에 얼굴 쪽 화상을 피할 수 있었다는 것이었다. 평소 마라톤과 배드민턴 등 운동을 꾸준히 한 덕이리라.

응급실에서 입원실로 옮겨졌지만 산적한 업무 때문에 병원에서 충분히 쉬면서 회복하고 있을 수도 없었다. 입원 사흘만에 퇴원하고, 더 필요한 치료는 통원하면서 받기로 했다.

지금 생각해도 참 아찔한 사고였다. 당시에 용산 이태원 참사, 청주 오송 궁평2지하차도 침수 사고 등 크고 작은 지역의 사고가 발생했을 때였고. 사고 당시 보인 단체장들의 행태가 여론의 질타를 받던 시기여서, 솔선수범하는 자치단체장의 모습으로 화제가 되기도 했다.

번외의 이야기지만, 그 때 구청장은 이런 사고로 보상도 받지 못한다는 것을 알게 됐다. 단체장에 대한 보상 관련 법규는 아직 정립되어 있지 않기 때문이다. 내 한 몸 소중하다는 문제를 떠나 전국의, 또 앞으로 이 일을 맡게 될 단체장들 역시 우리 나라의 국민이기에. 그들의 안전이 보호받을 수 있도록 관련 법을 개정해야겠다는 또 하나의 미션이 생겼다.

한편 일반 시민에 대한 보상 과정에서, 보상이 충분하지 않다고 불만이 쌓인 시민들이 분쟁을 일으키기도 해서, 구청에서 지원하기도 하고, 할 수 있는 한 노력을 다했다.

폭발 사고로 인해 힘든 시기를 보냈지만, 당시 일에 대한 후회나 부정적인 생각은 전혀 없다. 직접적인 피해를 입을 가능성이 다소 있다 하더라도, 주민이 어려움을 겪는 현장에서는 주민의 안전과 생명이 최우선이다. 지자체장으로서 현장 방문 시기를 놓치면 안 된다는 생각은 여전하다.

또한 지자체장이 책임을 다하지 않고 있는 상태에서 휘하 직원에게만 책임을 돌리는 일이 있어서도 안 된다고 생각한다. 구청장으로 취임하기 전인 2020년 7월 23일 초량 제1지하차도 침수사고로 3명이 목숨을 잃은 안타까운 인명사고가 난 적이 있다. 당시 구청장은 사고 시점에 휴가를 가고 없었고, 결국 사고의 책임은 직원들에게 전가되어 평생 직장인 공직을 떠나는 안타까운 일이 있었다.

이런 사건을 보며 지자체장으로서 중요한 시기에 현장을 비워선 안 된다는 다짐을 더욱 하게 되었다. 여름철 폭우가 내린다거나 태풍이 오면 사전에 예보를 확인해서 그 시기엔 단체장이 휴가를 피해야 한다고 생각했다. 신속하게 사고 조치하고 재난 구조하고 복구시키는 일 등은 단체장이 진두지휘할 때 훨씬 더 효율적으로 진행될 수 있으니 말이다. 실질적으로 지휘 권한이 없는 직원들에게만 책임을 묻는 것은 적절하지 않다고 본다. 안타까운 인명사고가 없도록 나는 재임 중 장마철을 피해서 휴가를 잡겠다고 선언하고 실제 그 약속을 지키고 있다.

21세기를 맞아 하버시티 동구의 잠재력은 글로벌 차원으로 무한 확장되어 가고 있다. 큰 그림을 보면서, 그 잠재력을 구현해가는 한편으로, 아니 그 잠재력을 더욱 효율적으로 키워가기 위해서라도, 눈길을 현장으로 돌려 세심히 살피고, 가다듬어 가야 한다. 동구에서 소소하게 주민들을 위한 봉사 차원의 일을 시작해온 데서 출발하여, 구·시의원 및 구청장으로 많은 일을 해 오면서 나날이 절실하게 마음 속에 새기는 배움이다.

현장, 현장, 현장…. 현장의 중요성은 아무리 강조해도 지나침이 없다. 내가 정치에 입문하면서부터 지켜온 작은 습관 중 하나는 바로 '오토바이 암행'이다. 내가 구의원 때부터 해오던 것으로, 휴일이나 새벽에 오토바이를 타고 구민분들의 생활에 불편함은 없는지 이곳저곳을 가보는 것이다.

바로 있는 모습 그대로의 현장을 보고, 그곳에서 삶을 살아가는 사람들의 소리를 듣고, 생생한 아이디어를 얻기 위함이다. 평소 잘 가지 못했던 곳이라거나, 자동차로 가기엔 복잡한 곳, 주민을 위한 사업이 시행되고 있는 곳 등을 찾아 실제로는 어떤지, 구에서 미처 파악하지 못한 어려움은 없는지 등을 보고 고치려 한다.

오토바이 암행은 요즘도 한번씩 하는데, 이젠 우리 구 내에선 얼굴이 좀 알려져서 그런지 하도 사람들이 알아보고 붙잡고 그래서 헬멧에 마스크까지 쓰고 다닌다. 그래도 다들 알아보시고 반겨주신다. 오토바이를 타면 위험하다고 걱정해주시는 분들도 계신다. 모두 감사한 마음이다.

지금의 동구는 대한민국에서 그렇게 크거나 대표적인 지자체는 아니다. 부산시 내에서도 인구수나 예산 규모 등으로 봤을 때 결코 1등이라고 할 수 없다.

하지만 우리 동구엔 비전과 미래가 있다. 그리고 그것을 실현시킬 가능성이 충분한 사람과 대지, 바다가 있다.

그 시대를 '하버시티' 부산 동구가 열어갈 것이다. 꿈을 현실로. 꿈처럼 꿔왔던 대(大)북항의 시대, 대(大)동구의 시대를 동구 구민들과 함께 열어갈 것이다.

2025년 6월

부산 수정산 자락에서

김진홍 올림

차례

프롤로그   6
한 눈에 보는 구정   16

제1장

부산의 중심, 동구의 오늘

부산의 지도를 바꿀 동구의 주요 사업   28
1-1 구민 눈높이 맞춘 행동주의 리더십, 동구청DNA를 바꾸다   31
1-2 부지런함과 벤치마킹으로 만들어진 아이디어 뱅크   46
1-3 산복도로 고도지구 개발제한 일부를 완화하다   57

동구의 대표 사업 8   66

제2장

사람과 부산 동구

2-1 명사가 말하는 동구   80

박형준 부산광역시장, 곽규택 제22대 국회의원, 허남식 신라대학교 총장,
박인호 부산항발전협의회·부산항을사랑하는시민모임 공동대표,
조정희 부산여성소비자연합 회장, 홍성권 리드케이훼어스 회장,
배종찬 인사이트케이 연구소 소장

2-2 지역민이 말하는 동구   110

한금조 광복회 부산중부연합회 회장, 김진구 새부산병원 원장,
정정숙 동구어린이집연합회 회장, 오미라 동구여성단체협의회 회장,
이대경 YMIS청소년다문화국제봉사단 대표, 이유한 ㈜공공플랜/이바구마을 대표,
김태규 아티스린넨 대표, 류장춘 대림약국 사장, 이희숙 수정시장 콩나물비빔밥 사장,
동구 거주 학부모 김영민·권세진 부부

제3장

도전형 인간, 김진홍

3-1 어린 시절의 기억	148
3-2 나의 가족, 사랑하는 아내와 아들	155
아들이 쓰는 편지	164
김진홍의 혼밥 레시피	166
3-3 정치에 입문하다	167

제4장

내가 본 인간 김진홍

정의화 대한민국 제19대 국회 국회의장, 곽승개 주한타이베이대표부 부산사무처 총영사, 송정호 전 새마을금고 이사장, 한영숙 (주)싸이트플래닝건축사 대표 ... 180

제5장

하버시티 동구의 내일

5-1 살아 움직이는 역사의 도시, 동구	198
5-2 북항 시대, 부산의 중심으로 거듭날 동구	206
5-3 구민과 함께 만드는 동구의 미래	213

에필로그	224
동구 포토에세이	238

- 부산광역시 동구 구청장(제44대)
  (2022.07.~현재)

- 제8대 부산광역시의회
  도시환경위원회 부위원장

- 제8대 부산광역시의회
  자치분권균형발전특별위원회 위원장

- 국민의힘 상임전국위원회 위원

- 국민의힘 부산시의회 원내대표
  (2020.7.1.~2022.6.30.)

- 제8대 부산광역시의회 의원
  (2018.7.1.~2022.6.30.)

- 제8대 부산시의회 부의장
  (전반기/2018.7.1.~2020.6.30.)

- 제7대 부산광역시의회 의원
  (2014.07.~2018.06.)

- 제5대 동구의회 구의원(부의장)

- 수정새마을금고 전무
  (1989.3.1.-2014.6.30. / 25년 3개월 근무)

- 하이트맥주(주) 과장
  (1980.5-1987.7)

2025년 기준 주요대외 평가 및 수상

연번	수상내역	평가기관	수상부문(훈격)	담당부서
1	2025년 전국기초자치단체장 매니페스토 공약이행 및 정보공개 평가	한국매니페스토실천본부	최고등급(SA)	기획감사실
2	2024년 지자체 인구감소 대응 우수사례 경진대회	행정안전부	대통령상	미래사업단
3	2024년 적극행정 종합평가	행정안전부	우수	기획감사실
4	한국지방자치경영대상	한국공공자치연구원	최고경영자상	기획감사실
5	전국기초자치단체장 매니페스토 우수사례 경진대회	한국매니페스토실천본부	우수	기획감사실
6	2024 대한민국 지방자치 행정대상(일자리경제부문)	이데일리(주)	대상	기획감사실
7	2024 대한민국 지방자치 혁신대상(안전부분)	(주)대한경제신문사	대상	기획감사실
8	2024년 데이터기반행정 실태점검	행정안전부	우수	기획감사실
9	2024년 상반기 신속집행 평가	부산광역시	최우수	기획감사실
10	2024년 상반기 신속집행 평가	행정안전부	최우수	기획감사실
11	2023년도 공직윤리제도 운영실태 평가	부산광역시	최우수	기획감사실
12	15분 도시 조성 유공기관 선정	부산광역시	최우수	미래사업단
13	2024년 도시재생사업 구·군평가	부산광역시	최우수	미래사업단
14	2024년 우수어린이 놀이시설 선정(수정산 꿈자람터)	행정안전부	우수	체육녹지과

연번	수상내역	평가기관	수상부문(훈격)	담당부서
15	2024년 부산시 도시녹화 부분 업무평가	부산광역시	우수	체육녹지과
16	2024년 부산시 공원문화 부분 업무평가	부산광역시	장려	체육녹지과
17	2023년도 구·군 자원순환행정 종합평가	부산광역시	장려	환경청소위생과
18	2024년 부산시 주민자치프로그램 경연대회	부산광역시	장려	총무과
19	전문건설업 육성발전 및 권익신장 기여	대한전문건설협회	중앙회장상	재무과
20	2024년 구·군 정보보안 관리실태 점검	부산광역시	우수	민원여권과
21	지방세정 운영실적 종합평가	부산광역시	장려	세무 1, 2과
22	2023년 사회복지시설 평가	보건복지부	A등급	복지정책과 (동구장애인복지관)
23	겨울철 위기가구 발굴·지원 우수 지자체	보건복지부	우수	복지정책과
24	희망2024 나눔캠페인	부산사회복지공동모금회	최우수	복지정책과
25	2023년 노인일자리 및 사회활동 지원사업 평가	보건복지부	최우수	복지정책과 (동구시니어클럽)
26	2024년 노인일자리 사업 구·군 평가	부산광역시	우수	복지정책과
27	2024년 노인맞춤돌봄서비스 종합평가 시범사업	보건복지부	Aa등급	복지정책과 (자성대노인복지관)
28	지역자활센터 성과평가	보건복지부	우수기관	생활보장과
29	2024년도 구·군 의료급여사업 평가	부산광역시	장려	생활보장과
30	성평등공감도시 부산조성사업	부산광역시	우수	가족복지과
31	2024년 대한민국 안전대전환 집중안전점검 평가	부산광역시	최우수	안전예방과

대한민국지방자치 행정대상 일자리경제부분 대상

2024년 상반기 신속집행 최우수

인구감소 위기대응 우수사례 경진대회 대통령상 수상

행정안전부 우수 어린이 놀이시설 선정(수정산꿈자람터)

도시녹화업무평가 우수 수상

희망2024 나눔 최우수

노일일자리 사업 구·군평가 우수 수상

대한민국안전대전환집중안전점검 최우수상

건축행정 건실화 평가 대상

부산광역시 동구
브랜드평판 순위

　김진홍 구청장이 부산 동구청장으로 취임(2022년 7월)하던 이듬해인 2023년 1월 부산 동구의 대한민국 기초자치단체 브랜드 평판 순위는 194위였다. 그 다음해인 2024년 1월에는 무려 152계단을 뛰어오른 62위였으며 2025년 2월에는 전체 기초자치단체 226개 중 57위로 100위 권안에 안정적으로 접어들었다. 김구청장이 취임한 지 채 3년도 안되어 무려 157위나 상승하는 저력을 보여준 것이다.

　대한민국 기초자치단체 브랜드 평판 지수는 한국기업평판연구소가 전국 기초자치단체 226개를 대상으로 지난 한달간 소비자와 브랜드와의 관계를 빅데이터를 활용하여 분석하는 것으로 지방자치단체 브랜드에 대한 소비자들의 활동 빅데이터를 참여가치, 소통가치, 소셜가치, 시장가치, 재무가치 등으로 나누고 참여지수, 미디어지수, 소통지수, 커뮤니티지수로 분석한다.

　브랜드평판지수는 소비자들의 온라인 습관이 브랜드 소비에 영향을 끼친다는 것을 찾아내어 브랜드 빅데이터 분석을 통해 만들어진 지표로 브랜드에 대한 긍부정 평가, 미디어 관심도, 소비자 참여와 소통량, 소셜에서의 대화량으로 측정되는데, 이러한 점에서 김구청장 취임 후 부산 동구의 단기간의 괄목할만한 순위 상승은 눈여겨 볼만한 대목이 아닐 수 없다.

부산광역시 동구 브랜드평판 순위

연도	순위	참여지수	미디어 지수	소통 지수	커뮤니티 지수	브랜드평판 지수
2025. 02.	57	116,794	240,685	878,857	490,321	1,726,657
2024. 12.	62	139,899	254,079	882,374	441,906	1,718,257
2023. 12.	149	131,266	134,499	344,034	318,044	1,027,844
2023. 01.	194	120,603	224,518	212,115	571,836	1,129,072

* 한국기업평판연구소(https://brikorea.com/) 홈페이지 참고

민선8기 2년
구민 여론조사

조사기간 | 2024. 6. 3.(월) ~ 6. 13.(목) **조사대상** | 만 18세 이상 동구민
조사방법 | 1:1 대면 면접 조사 **표본오차** | 95% 신뢰수준에서 표본오차 ±3.1%p
조사기관 | ㈜모노커뮤니케이션즈/모노리서치

동구 거주 만족도

2023년도에 비해 2024년도 만족 비율이 큰폭으로 상향되었음.(42.8 → 63.8)

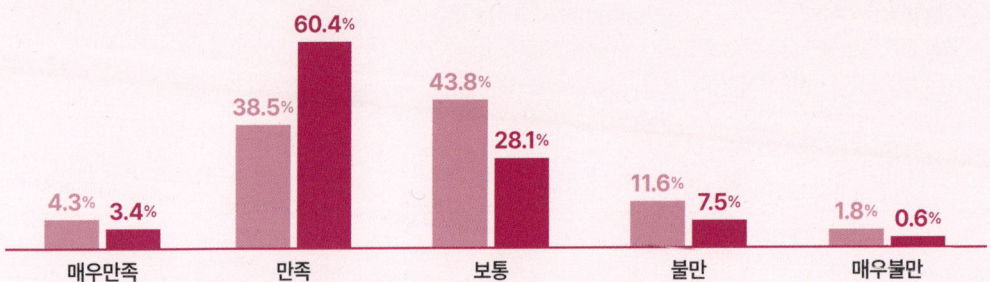

동구 정책사업 만족도

동구가 시행하는 정책에 대해 동구민의 10명중 8명 이상이 일을 잘하고 있다고 응답하였음.(37.1 → 81)

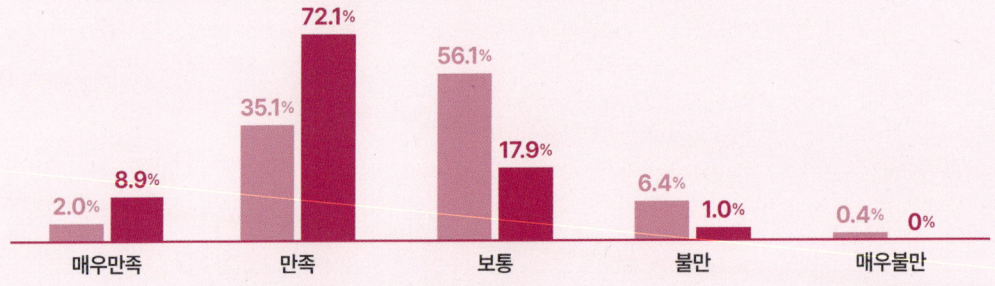

향후 중점 추진이 필요한 사업

동구에서 우선 추진해야 할 정책으로 도시재생 사업(13.7%)이 가장 높았으며 다음으로 도로구축(10.3%) 재개발·재건축 활성화(9.4%)의 순으로 응답함.

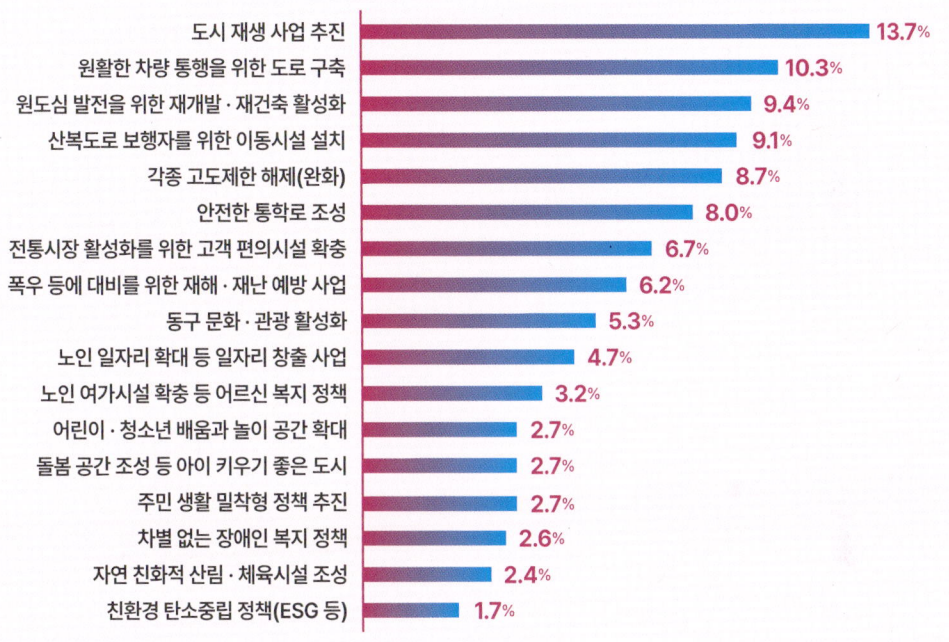

항목	비율
도시 재생 사업 추진	13.7%
원활한 차량 통행을 위한 도로 구축	10.3%
원도심 발전을 위한 재개발·재건축 활성화	9.4%
산복도로 보행자를 위한 이동시설 설치	9.1%
각종 고도제한 해제(완화)	8.7%
안전한 통학로 조성	8.0%
전통시장 활성화를 위한 고객 편의시설 확충	6.7%
폭우 등에 대비를 위한 재해·재난 예방 사업	6.2%
동구 문화·관광 활성화	5.3%
노인 일자리 확대 등 일자리 창출 사업	4.7%
노인 여가시설 확충 등 어르신 복지 정책	3.2%
어린이·청소년 배움과 놀이 공간 확대	2.7%
돌봄 공간 조성 등 아이 키우기 좋은 도시	2.7%
주민 생활 밀착형 정책 추진	2.7%
차별 없는 장애인 복지 정책	2.6%
자연 친화적 산림·체육시설 조성	2.4%
친환경 탄소중립 정책(ESG 등)	1.7%

동구의 미래를 위해 우리가 앞서 추진해야 할 분야

향후 미래를 위해 일자리 창출 등 지역경제 활성화(25.8%)가 가장 높게 나타났으며, 지역균형발전(24.6%), 광역교통망 인프라 확충(14.3%)순으로 응답함.

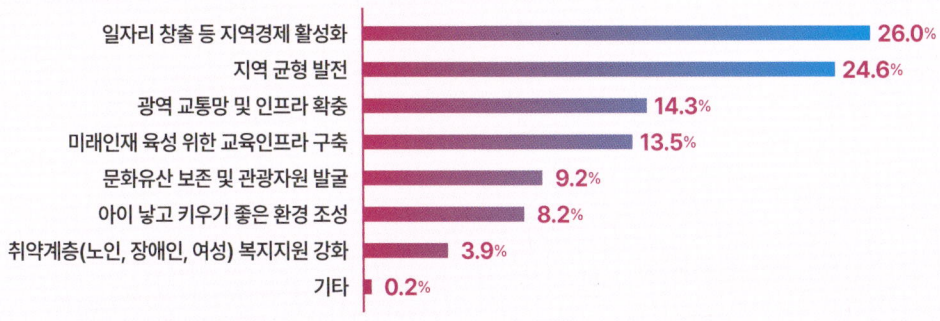

항목	비율
일자리 창출 등 지역경제 활성화	26.0%
지역 균형 발전	24.6%
광역 교통망 및 인프라 확충	14.3%
미래인재 육성 위한 교육인프라 구축	13.5%
문화유산 보존 및 관광자원 발굴	9.2%
아이 낳고 키우기 좋은 환경 조성	8.2%
취약계층(노인, 장애인, 여성) 복지지원 강화	3.9%
기타	0.2%

동구 공약지도 ★ 완료사업

1. 희망을 디자인하는 명품동구
2. 품격있는 복지동구
3. 자랑스러운 동구, 활력있는 동구
4. 꿈과 희망이 있는 동구
5. 과감한 정책 개선으로 속 시원한 동구

동구 전역

- 1-1 망양로고도제한 구역 해제 ★
- 1-2 고지대보행자 이동편의시설 확충
- 1-4 재활용선별장 시설현대화 및 ESG연계 ★
- 1-6 소규모 주택 정비사업 추진
- 1-7 동구 전 지역 와이파이 설치 ★
- 1-8 주거환경개선지구 해제 ★
- 2-1 어르신 품위유지비 인상 ★
- 2-4 양질의 노인일자리 사업 확대 ★
- 2-5 노인 여가취미 활동 지원 ★
- 2-6 행복콜 서비스로 교통약자 이동권 보호 ★
- 2-7 발달장애인 돌봄 확대 ★
- 2-8 장애아동 발달 지원센터 운영 ★
- 2-9 장애인 근로지원 및 일자리 창출 ★
- 2-11 복지종사자 처우개선
- 2-12 지역사회보장협의체 기능강화 지원 ★
- 2-13 자원봉사센터 활성화 지원 ★
- 3-1 동구 관광특구 지정
- 3-6 동구 시설관리 공단 설립
- 3-7 지하철 1호선 및 2호선 연결 노선 추진 ★
- 3-9 공폐가 활용 주거지 주차장 확보 ★
- 3-10 등산로 정비 ★
- 3-11 약수터 주변 노후 체육시설 교체 ★
- 3-13 북항재개발지역 동구민 우선채용 확대
- 4-1 동구 교육 특화도시 조성 ★
- 4-2 그린스마트 미래학교 추진 ★
- 4-3 방과후 돌봄 지원 및 공공 돌봄센터 확대 운영 ★
- 4-5 체험버스 확대 ★
- 4-6 동네 놀이터 확충 및 리빌딩 ★
- 5-1 연말연시 보도블록 공사 전면 중지 ★
- 5-2 모든 관급공사 주민감독관제 신설 ★

제1장

부산의 중심, 동구의 오늘

"부산시의 중심에 위치한 동구는
부산시 경제, 산업, 문화의 중심지로
다시 한 번 발돋움하고 있다."

부산의 지도를 바꿀 동구의 주요 사업

1
"노후화된 북항 부지를 구민들의 품으로"
북항 재개발 사업

복합 친수공원 드론쇼

사업위치 | 부산항 북항 일원
사업규모 | A=838만㎡(육지면 280만㎡, 해수면 558만㎡)
사　업　비 | 약 4조 5779억원
재개발 1단계 | 친수공간, 국제해양관광 거점
재개발 2단계 | 국제업무 신 해양산업, 컴팩트 시티

부산역 뒤쪽, 태평양을 향해 뻗어 있는 남해와 맞닿은 부산항 북항은 바다로부터 부산으로 들어오는 관문이자, 동구의 대문과 같다. 1876년 부산포라는 명칭으로 개항한 북항은 우리나라 최초의 무역항이었다. 1960년대 우리나라 경제성장기에는 수출입 기지로 중요한 역할을 하며 오랜 세월 대한민국 산업의 중심지 역할을 했다. 하지만 세월이 흐르면서 노후화됐고 산업의 중심지 역시 다각화되었다.

북항 재개발 사업은 노후화된 부산항 일대를, 시민들에게 돌려드리기 위해 시작되었다. 현재 북항 재개발 사업은 부산항만공사가 시행사로, 대부분 부지 조성공사는 완료된 상태다.

2
"철도로 인해 120년간 단절됐던 부산역 주변, 바다로 바로 이어진다"
부산역~부산진역 구간 철도지하화

국토교통부와 부산시가 추진 중인 '철도지하화' 사업이 전국 철도지하화 사업의 선도사업으로 선정되면서, 부산역 주변의 긴 철로가 사라지게 되었다. 기존에 부산역을 사이에 두고 좌우로 길게 뻗었던 철도가 사라지고 이 자리에 공공주택, 상업시설, 공원, 보행자 도로 등이 들어서게 된다.

이로써 동구의 원도심과 부산역 뒤편 바다가 연결되면서 단절되었던 두 지역간 인적·문화적·산업적 교류가 더욱 원활해지게 되었다. 또 북항 재개발과 맞물려, 부산역과 북항 사이의 '죽은 공간'이 부산의 새 중심지로 부상할 것으로 기대된다.

부산역(유라시아플랫폼)

사업위치 | 부산진역 ~ 부산역 2.8Km
사업규모 | 부산역 조차장 ~ 부산진역CY 371,000m²
사업기간 | 2027년 ~ 2036년
사업내용 | 인공지반 복개 후 공원, 광장, 상업시설 등 시민중심 혁신공간 활용

3

"개발 제한으로 꽁꽁 묶여 있었던 산복도로 인근 주거지역, 재개발 숨통 트였다"

망양로·부산진성 일원 고도지구 일부 완화

50년 넘게 묶여 있던 부산 산복도로 고도 제한이 대폭 완화된다.

부산의 대표적 산복도로 지역인 동구 수정1·2·3지구와 서구 서대신지구 4곳의 고도지구 개발 제한 폐지하는 방안이 〈2030년 부산도시관리계획 재정비안〉에 포함되면서 이같은 계획이 발표되었다.

일단 이러한 결정은 환영할 만한 일이다. 장기간 지속된 도시계획 규제와 이로 인한 슬럼화로 벼랑 끝에 몰린 원도심의 재생을 촉진할 발판이 마련됐기 때문이다. 이로써 우리 동구 산복도로 지역 일대에 보다 폭넓은 재개발이 가능해졌다. 이곳에 사는 분들의 주거 환경을 개선하고 삶의 질을 한층 드높일 계기가 마련됐다.

동구 수정동 산복도로 전경

사업위치 | 동구 수정동 산복도로 전경
사업구간 | 총 5개 지구
길   이 | 2.2km
면   적 | 66,000 km2(제곱킬로미터)

1-1 구민 눈높이 맞춘 행동주의 리더십, 동구청DNA를 바꾸다

2022년 7월 1일, 부산시 동구청장으로서 새로운 하루가 시작되었다. 출근 첫 날, 스스로 아침상을 차려 먹었다. 잡곡밥과 총각김치, 된장국과 멸치볶음, 나물반찬류 등 소박하지만 알차게 차린 밥상이었다. 단출하게 차린 밥상 위엔 언제나처럼 수저가 한 세트 놓여 있었다. 혼자 살더라도 매일 아침을 든든하게 챙겨 먹고 나가는 것은 나만의 루틴이다. 또한 몇 해 전 지병으로 세상을 먼저 떠난 사랑하는 나의 아내에 대한 약속이기도 했다. 마냥 슬퍼하고 망가지지 않기. 굳건하게 살아나가 아내의 몫까지 세상에 돌려주기.

처음 가는 직장, 구청 식구로는 처음 만나는 구청직원들, 처음 시작하는 구청장이라는 직무…. 새롭게 도전하는 새로운 삶이었기에, 또 구민들의 삶에 직접적인 영향을 줄 수 있는 막중한 임무였기에 전날 밤 잠을 설쳤다.

하지만 큰 걱정이 되진 않았다. 내게 인생은 늘 도전이라는 파도의 연속이었고, 꾸준하고 성실히 노를 저어가면 그 끝에는 반드시 아름다운 결실이 있었기 때문이었다. 나는 성실한 일상의 힘을 믿는다.

부산의 중심에 위치한 동구는 부산을 대표하는 모든 현안을 떠안고 있다. 동구는 부산시에서 가장 오래된 정주지역 중 하나다. 부산항 북항 재개발이라는 거대한 과제와 더불어 원도심 낙후 문제, 노령 인구 증가 및 청년층 유출 문제, 오랜 세월 부산의 산업을 지탱했던 1차 산업의 몰락과 새로운 지식기반 산업 발굴 및 성장의 도전 과제

등등 오래된 도시가 안고 있는 문제들을 동구 역시 안고 있다.

그 가운데 아무래도 구민들의 피부에 가장 와 닿는 문제는 도시의 성장과 주거환경 개선의 문제가 아닐까 생각한다. 구의원과 시의원을 거치면서 많은 지역 주민들을 만났지만, 구민들로부터 가장 많이 들었던 말이 바로 "제발 우리 동구, 우리 동네 살 만하게 발전 좀 시켜달라"는 얘기였다. 그런 말을 들을 때마다 "네, 열심히 하겠습니다!" 대답은 했지만 사람이 사는 곳이 하루아침에 변하는 게 아니다 보니 늘 답답하고 죄송스러운 마음이 들었다. 선거 때 찍어줬더니 정작 뽑히고 나선 아무 변화가 없다, 말만 번지르르하게 하고 달라지는 건 없다, 이런 말들은 마치 비수처럼 가슴에 와 꽂혔다.

하지만 아무래도 구의원, 시의원은 직접적으로 행정력을 발휘할 수 있는 부분이 적다 보니 그 한계를 느끼며 무거운 마음만 삼킬 수밖에 없었다.

2022년 구청장이 되어 직접 구의 업무를 수행하고, 사업 추진을 결정하는 자리에 오게 되었을 때 나는 의욕이 넘쳤다. '그동안 쌓였던 깃을 한번 풀어보자!' 라는 마음으로 가득했다.

하지만 처음부터 쉬운 일이란 없는 게 세상의 이치다. 앞선 전임 구청장들도 노력했지만 해결하지 못한 일들이 나라고 무슨 뾰족한 수가 있었을까. 그래도 시작이 반이라고, 열심히 해보자는 마음으로 시작한 취임 첫 날이었던 기억이다.

그리고 취임을 한 지 3년이 다 되어가는 시점에서 돌아보니 그때 내가 계획했던 것, 공약으로 내걸었던 것, 불가능하게 여겼던 목표들이 하나 하나씩 이뤄져 가고 있었다. '아, 하면 되는구나'란 생각과 더불어 다시금 하루 하루의 성실함의 힘을 느낀다.

오늘의 나는 3년 전의 나보다 더 자신감이 생겼으며, 이젠 어떤 것도 '안 될 것은 없다'는 생각이 더 크다. 뜻이 있는 곳에 길이 있는 법이다.

김진홍 구청장 취임식

코로나19로 경직된 공무원 사회 분위기를 바꿔라!

구청장 취임 초기, 개인적으로 가장 큰 도전과제는 바로 코로나19였다. 정책이라는 게 현장을 떠나 규제, 원칙만 따지다 보면 현실과 멀어질 수 있는 위험이 있다. 안 그래도 공무원 조직이 잘못하면 '수동적' '보수적'이란 비판을 받는데, 여기에 더해 코로나19가 2~3년 이어지면서 더욱 경직된 분위기가 조성되어 있는 상황이었다.

이제야 고백하건데 처음엔 구청 직원들을 책상 앞에서 끌어내어 현장으로 나가게 하는 것이 마냥 쉽지만은 않았다. 공직사회를 일하는 분위기로 끌어낸다는 게 굉장히 어려웠다. 우리 구청 식구들이 이 말을 들으면 섭섭해할 지 모르겠지만 국민들이 볼 때 '아 공무원들이 정말 철밥통 복지부동이구나'라고 말할 법한 상황들도 있었다.

구정이라는 것은 구청장 혼자서도 할 수 없고 공무원 혼자서도 할 수 없는 것이다. 청장의 의지, 공무원들의 실무 협조, 그리고 구민들의 이해와 지지, 이 삼박자가 맞아야 잘 돌아간다고 한다. 그런데 코로나 3년차에 취임을 하다보니 여간해선 조직이 움직이지 않았다.

내가 제아무리 구의원, 시의원 생활을 했어도 직접 정책을 시행해본 경험이 없었다. 구정에 대한 견제 감시를 하긴 했지만 행정을 속속들이 알 수는 없었던 터였다. 그런 내가 공무원을 이끈다는 것은 어찌 보면 비전문가가 전문가를 능가하며 끌어당겨야 하는 상황인 셈이었다.

조직 내의 경직도를 낮추고 속도를 올리기 위해 고민을 많이 했던 시기였다. 그때 떠올린 것이 바로 보고와 결재의 단순화였다.

공무원 사회는 상사 특히 그 끝에 있는 구청장에 대한 보고를 어렵게 만들어두고 있다. 여러가지 이유가 있었겠지만, 결과적으로 봤을 때 사안의 크고 작음에 상관없이 최종결재까지 시간적으로, 절차적으로 상당히 오래 걸린다.

또 직원들이 평소 중간중간 현장점검을 잘 안 하고, 한 번씩, 막판에 몰아서 점검을 하는 경향이 있었다. 처리해야 할 일이 많기 때문이기도 하지만, "그렇게 해왔기 때문"인 측면도 많았다. 당연히 윗선은 최종 보고만 받기 때문에 자세한 사항에 대해선 알 수 없다. 뭔가 결과가 나온 뒤에야 알게 된다.

우리 관내에서 이것저것 사업이 많이 벌어지는데, 중간 점검 없이 막상 최종 현장에 가서 보면 영 아닌 것들이 발생하는 것이었다. 보도 블록 틈이 벌어져 있는 등 사소한 문제들이라도 '해놓고 욕 듣는' 결과를 낳게 된다. 그리고 이런 현장은 결국 주민의 외면을 받기 마련이다. 사실 중간중간 세밀하게 파악만 잘 해도 이런 일은 미연에 방지할 수 있는 일이었다.

이런 저런 생각을 하다 떠오른 것이 바로 '카카오톡'이었다. 스마트폰을 사용하는 사람이라면 다들 많이 쓰는 채팅 앱인 카카오톡을 잘만 활용한다면 디테일한 업무 컨트롤 뿐만 아니라 보고라인의 간결까지, 두 마리의 토끼를 다 잡을 수 있을 것 같았다.

이제 우리 구청에서는 뭔가 사업이 시작되면 무조건 카카오톡 단체 톡방부터 만든다. 그 카톡방에는 구청장인 나를 포함해 이하 모든 관련자를 다 초대한다. 해당 사업과 관련해 바로바로 톡으로 보고가 올라온다. 굵직한 중요 보고만 직접 보고를 올리고, 자잘한 중간 보고는 그냥 톡으로 올리는 것이다. 말단 직원부터 중간 실무자, 최종 결재자까지, 하나의 단톡방에서 상황을 공유하는 것이다.

그러다 보니 세밀하게 점검할 수 있고, 빠르게 움직일 수 있으며, 누구도 빠짐없이 정보를 공유할 수 있었다.

이렇게 해서 요즘 나의 휴대폰에 깔린 카카오톡엔 대화창이 100개 가까이 된다. 물론 대부분이 업무 보고 창이다. 처음엔 공무원들의 특성상 구청장한테 개인 톡을 보낸다는 상상을 못했다. 매우 부담스러워했지만, 3년 가까이 된 지금, 이제 다들 익숙해진 분위기다. 웬만한 건 카톡으로 보고하고 있다.

나 역시도 궁금한 것은 카톡으로 묻고 답을 듣는다. 단, 업무시간 외에는 절대 안 보내는 원칙을 지키고 있다. 지킬 것은 지켜줘야 하니까.

나만의 경험과 노하우 살려 생활밀착형 프로그램 진행도

2024년 8월 '5060 남자의 주방, 생활요리교실'을 개최했다. 중·노년 남성 1인가구를 대상으로 한 '생생(生生) 밀착 동행' 프로그램의 일환으로 연일 지속되는 폭염 속에서 균형 잡힌 영양 섭취에 취약한 중·노년 남성들의 식생활 자립 능력 향상 및 사회 관계망 형성을 목표로 마련되었다.

이날 내가 일일 요리사로 직접 나서서, 생활요리교실의 메뉴 선정과 시연을 맡았었다. 다소 서툰 솜씨였지만 다행히도 주민분들께서 크게 박수 쳐 주셔서 개인적으로도 뜻 깊은 시간으로 기억된다.

이날 행사는 범일2동의 한 독지가의 후원으로 마련되었다. 요리교실은 손쉽게 구할 수 있는 식재료를 활용해 기본 재료 손질부터 요리까지 실습 위주로 진행되었는데, 상당히 큰 호응을 얻었다.

나로서는 주민과 일상생활을 공유하며 호흡할 수 있는 좋은 시간

일일요리사로 나선 김진홍 구청장

이었다. 이런 다양하고 특색 있는 방식으로 다양한 주제별 현장을 방문해 주민의 삶에 더 가까이 다가가야겠다는 다짐을 할 수 있는 계기가 됐다.

내게 다른 구청장과는 다른 강점을 말하라면, 이것 한 가지는 자신 있게 말할 수 있다. 바로 주민 민원을 겁내지 않는다는 것이다. 사실 구청장이 아무리 현장을 많이 다닌다 해도 많은 사람들을 다 만날 수 없다. 그런데 구민들이 가장 필요로 하는 것은 생활 속 어려움을 빠르게 해결해주는 것이다. 청장 취임을 해서 바로, 짧은 시간에 큰 사업 성과를 이루어내기란 어렵다. 행정이 절차적 과정이 어렵고 오래 걸리기 때문이다. 예산 확보하는 것은 거의 1년 단위로 넘어간다. 어떤 사업은 최소 1~2년이 걸린다.

큰 사업은 금방 성과도 안 나고, 구민들에게 바로바로 영향을 주기도 힘들다. 그래

동구청사 중앙 엘리베이터 안과
지역신문 1면 광고란에 난 구청장 휴대폰 번호

서 구민들에게 그간 아쉬웠던 생활에 변화를 줄 수 있는 생활밀착형 사업을 초창기부터 발굴해내기 시작했다.

구정이라는 시스템 속에서 민원 처리를 정상적으로 하자면 마음만큼 빠르게 되지는 않는다. 절차적 어려움이 있을 수밖에 없기 때문이다. 당연한 부분이지만, 어떤 면에서 그런 게 쌓이면서 행정 불신이 커지게 되는 것이다.

그래서 나는 구청장이 되고 나서 가능하면 내가 직접 구민 민원을 받고, 내가 못 받으면 민원 기동팀이 받는 시스템을 활성화하고자 했다. 이를 위해 과감하게 도입한 게 바로 민원처리용 휴대폰 번호를 공개한 것이었다. 나중에 말하겠지만 이 아이디어는 서울시 성동구에서 시작된 것을 벤치마킹한 것이다.

사실 처음에 번호를 공개하려니 덜컥 겁이 나긴 했다. 문자가 너무 많이 오면 어쩌지, 번호를 공개했다가 내가 다 소화를 못 하면 오히려 부작용이 생길 텐데…. 고민만 하다가, '에라 모르겠다, 일단 한번 해보자'라는 마음으로 오픈했다. 동구청사 안 곳곳에 번호를 붙이고, 동구신문과 같은 지역신문에도 광고를 냈다.

번호 공개 직후에 많은 민원 문자들이 쏟아졌다. 처음 몇 달은 문자 처리를 하느라 정신이 없을 정도였다. 들어오는 민원에 대해선 내가 직접 답변을 드리고 있다. 문자를 쓰기 어려우면 직접 전화를 걸어 해결해드리고자 한다. 그런데 가면 갈수록 점점 문자 수가 줄더니 요즘엔 너무 안 들어온다, 싶을 정도다. 그동안 수많은 민원을 해결한 결과다. 다시 좀 많이들 찾아주시길 바란다.

9000현장민원팀 민원접수 처리 현황

2022년 7월부터 2025년 3월까지 구청 현장 민원팀 (9000현장민원팀)이 구청장 문자휴대폰 등을 통해 접수한 현장민원은 총 1912건이었다. 접수된 민원의 84.6%인 1618건이 이 처리되었으며, 나머지 304건 역시 검토 결과 '불가' 처리되거나 장기 검토 중에 있다.
전체 1912건의 민원 가운데 구청장 문자전용폰을 통해 접수된 건은 254건이었다. 모두 검토 완료되어 처리 완료된 것은 232건, 장기검토(처리불가 포함) 22건이었다.

새마을금고 '동네해결사' 경험 살려 밀착형 구정

이렇게 주민들과 눈높이를 맞춰 생활밀착형으로 구정을 해 나갈 수 있는 근간에는 새마을금고 재직 시절의 경험이 깔려 있다. 정치에 입문하기 전, 나는 25년간 새마을금고 동구 수정동 지점에서 일을 했다. 그 때가 내가 처음으로 동구와 인연을 맺게 된 때다.

서민들을 대상으로 하는 금융기관이다보니 자연스럽게 지역주민들과 많은 접촉을 할 수 있었다. 이때 나는 근무를 하면서 지역 주민들의 각종 고충을 처리하고 상담을 받아줬었다. 비단 금융만이 아니라 생활, 법률 문제 등 온갖 민원을 다 받아서 연결시켜주고, 하다못해 혼자 사는 어르신 집에 찾아가 가전제품도 고쳐주곤 했다.

당시엔 어떤 뜻이 있어서 그랬던 게 아니었다. 워낙 동네가 어르신들이 많은 곳이기도 했고, 그분들 자식들이 외지에 있으니 도울 수 있는 부분은 도와드리는 게 좋다고 생각했다. 매일 보는 어르신인데 생활 속 어려움을 못 본 체하기 어려웠다. 그렇게 자연스럽게 지역주민들과 밀착이 되었다. 수정동 주민들은 살다가 어려움이 있으면 새마을금고로 와서 '김진홍이'를 찾곤 했다.

아마도 내겐 원래 이런 성향이 있었던 듯하다. 어쨌든 그 때의 그 경험이 지금 정치를 하면서 큰 도움이 되는 것은 사실이다. 어르신들이 평소에 사용하는 말은 공무원이나 정치인들이 하는 말과 조금 다른데, 서민들과 오래 소통해 봤기 때문에 그들이 하는 말과 의미를 빠르게 알아챈다. 평소 그분들과의 동질감, 공감대 형성이 내게는 매

우 큰 장점이 되었다.

당시의 경험은 동구청에서 추진한 생활밀착형 사업들로 이어졌다. 우리 동구는 원도심 지역으로 65세 이상 어르신 비율이 인구의 거의 30%에 육박한다. 초초고령화가 된 지역이다. 게다가 산복도로 위와 아래에 사는 분들의 생활 편차가 제법 있다. 산복도로 위쪽엔 저소득층 고령자가 사는 구조다.

동구의 많은 현안은 바로 이런 인구구조에 기인한다. 이들의 생활 불편감을 해소하고 삶의 질을 상향평준화 시키는 것이다. 어르신들을 위한 생활밀착형 정책은 이렇게 시작되었다.

대표적인 사업으로는 권역별로 있는 마을지기 사무소 인력을 활용해 어르신들 생

이바구 빨래방(왼쪽), 행복콜 서비스(오른쪽)

제1장 부산의 중심, 동구의 오늘 41

활 속 불편함을 해결해주는 사업, 마을지기 사무소의 작은 차량을 이용해 한 달 4번 병원이나 주요 거점으로 무료로 모셔다 드리는 서비스인 행복콜, 산복도로 위 어르신들을 위해 대형빨래를 대신해주는 이바구 빨래방, 칼갈이, 우산수리, 별밤지기 구청장 주민소통실 운영 등이 있다.

북항 재개발로 도시 평균 삶의 수준 높이길 기대

생활의 소소한 불편함을 해결해 드리면서도 동구의 발전을 위한 큰 그림을 결코 놓칠 순 없다. 결국 그게 구민들의 삶의 질을 끌어올리는 견인차 역할을 할 것이기 때문이다.

그 가운데에 북항 재개발 사업과 부산역을 중심으로 한 철도 지하화 사업이 있다. 이들 사업은 단순히 새로운 사업요소가 도시로 들어온다는 것 이상의 의미가 있다. 부산 경제, 문화의 중심지를 되찾는 것이며, 무엇보다 철도로 나누어졌던 동구를 통합시키고, 노후화된 원도심에 새로운 성장의 드라이브를 주는 것이다.

친수공원, 국제해양관광 거점이라는 북항 재개발 1단계 사업은 이미 완료가 되었다. 이 지역의 부지는 부산 동구와 중구가 7:3 비율로 행정구역 경계를 나눠가지고 있는데, 행정구역이 결정되면서 도로와 부속시설물 등의 관리권도 이미 우리 지자체로 이관된 상태다.

북항 재개발 사업을 통해 그간 컨테이너와 화물로 막혀 있던 앞바다로의 길이 열리면서 우리 동구 주민들은 큰 희망을 품고 새롭게 태어날 북항의 미래를 꿈꿀 수 있게 되었다. 노후화하고 낙후된 원도심 지역에 새로운 성장 동력을 줄 새로운 부지로 기대되었다.

하지만 그 과정이 마냥 순탄치만은 않다. 지난해 감사원은 부산항만공사가 주민들에게 돌아갈 100억원에 달하는 공공기여사업을 공사가 의도적으로 축소했다는 감사 결과를 내놓은 바 있다. 북항 재개발 사업의 가장 큰 당사자라 할 수 있는 지자체가 배제된 채 각종 재개발 사업들이 추진되었으며, 결국 공공기여 제안사업 6개중 5개를 삭제·축소(100억원 상당) 하는 등의 형식으로 결정됨에 따라, 주민들에게 돌아가야 할 혜택마저 대폭 축소되었다. 우리 동구와 중구 두 지자체는 야외주차장 요금감면, 파크골프장 설치 등 구민을 위한 혜택안을 요구하고 있지만, 항만공사와 협의는 지지부진한 상황이다. 부조리한 현실에 지역주민들은 상실감마저 느끼고 있다.

또한, 해수부가 지구단위계획을 상업업무지구로 포괄적으로 지정하여 생활형숙박시설이 허용될 수 있는 단초를 제공함으로써 당초 계획된 호텔이 아닌 생활형숙박시설로 용도가 변경되면서 지역주민들은 일자리 참여 기회조차 잃게 되었다.

남아있는 북항1단계 사업부지의 제대로 된 추진을 위해 지금이라도 지구단위계획을 명확하게 변경하고, 150년만에 주민의 품으로 돌아온 북항이 주민들에게 더 친숙한 공간으로 다가갈 수 있도록 주민들의 목소리에 귀 기울이고 사업의 혜택이 주민에게 돌아갈 수 있는 길을 모색해야 할 것이다.

김진홍 부산 동구청장
"북항 재개발 사업은 부산 금융의 새 미래"

연합뉴스 2024.6.29

김 청장은 "파격적인 세제 혜택 등을 통해 글로벌 금융 도시로 도약함으로써 인구와 자본이 자연스레 유입되는 선순환 구조를 만들 것"이라며 "세계적인 해운 기업인 HMM 본사와 복합 리조트를 재개발 부지에 유치해 동구를 더욱 발전시켜 나갈 것"이라고 말했다.
이어 "부산시가 미55 보급창 이전을 진행하기 위한 용역을 진행하고 있다"며 "미55 보급창을 이전하면 이 부지를 동천 친수공간으로 탈바꿈하겠다"고 덧붙였다.

출처 : https://www.yna.co.kr/view/AKR20240628062200051?input=2405m

그동안 동구는 아무런 권한도 없이 지구단위계획에 근거하여 귀속행위에 불가한 건축허가 밖에 할 수 없었지만 이제는 지역주민들과 함께 발벗고 나서 철저히 감시하고 주민의 목소리가 반영될 수 있도록 노력해 나갈 것이다. 부산시의 중심에 위치한 동구는 부산시 경제, 산업, 문화의 중심지로 다시 한 번 발돋움할 것이다.

부산역을 중심으로 위치한 좌우 철로는 부산역에 도착한 열차가 방향을 돌리거나 대기하는 곳으로, 최대 폭이 84m에 이를 정도로 넓다. 이 철로로 인해 도심을 단절시켜 부산역 뒤쪽은 그동안 시민들에게 알려지지 않은, 일종의 '죽은' 공간으로 방치되어 있었다. 철도 지하화는 단절되었던 동구의 두 지역의 통합을 더욱 효과적으로 이루게 할 것이다.

[국민의 기업] "철도 지하화 개발 사업, 이바구플랫폼 개장… 부산의 얼굴 바꿀 '동구 대변혁' 되길 기대"

중앙일보 2025.3.5

"김진홍 부산 동구청장은 "주민 숙원 사업인 철도지하화가 원도심과 북항 재개발 사업 부지를 연결하고, 원도심 부활의 기폭제 역할을 할 것"이라며 "그동안 동구 주민들은 철도로 인해 생활권 단절, 소음·분진 등의 어려움을 겪어왔다. 도시 인프라가 개선돼 인구 유입으로 연결되는 등 부산의 얼굴을 바꾸는 '동구 대변혁'이 되길 기대한다"고 밝혔다."

출처 : https://www.joongang.co.kr/article/25318239

120년간 단절된 부산역 주변, 도심-북항 바로 연결된다

부산일보 2025.3.31

국토교통부와 부산시가 추진 중인 '철도지하화' 사업으로 부산역 주변의 긴 철로가 인공데크와 지상개발로 사라지면서 원도심과 부산역 뒤편 바다가 연결된다.
그동안 시민들은 부산역 주변의 넓은 철도로 인해 부산역 뒤에 무엇이 있는지 잘 알지 못했다. 부산항 국제여객터미널이 생기면서 연결공간이 생기긴 했지만 아직은 부산역 뒤편은 낯선 공간이다.
그러나 철도지하화 사업을 통해 부산역을 사이에 두고 좌우로 길게 뻗은 철도가 공공주택, 상업시설, 공원, 보행자도로 등으로 탈바꿈하게 된다. 이 사업은 전국 철도지하화 사업의 선도사업으로 최근 선정됐다.

출처 : https://www.busan.com/view/busan/view.php?code=2025033110082487185

1-2 | 부지런함과 벤치마킹으로 만들어진 아이디어 뱅크

"청장님은 어쩜 그렇게 아이디어가 많으세요?"

직원들로부터 많이 듣는 질문 중 하나다. 자기 자랑 같지만, 취임 이후 직원들보다 내가 먼저 아이디어를 내고, 흥미로운 주제를 던져 직원들이 발전시켜 사업을 만들도록 많은 노력을 해왔다. 분야와 관계없이 전방위적으로 아이디어를 던지고, 일할 수 있는 동기가 생기도록 자극을 주려 노력했다.

나는 원래부터 창의적인 사람도, 아이디어 뱅크도 당연히 아니다. 그렇게 된 데엔 다 이유가 있다.

비전문가인 내가 공무원 이상으로 구정의 현안을 알고 문제점을 알고 있으려면 누구보다 부지런하게 움직이고, 많이 공부해야 했다.

취임 초반, 책상 앞 공무원들을 현장으로 움직여 내기 위해 떠올린 방법 중 하나가 바로 "제대로, 잘 지시하자"는 것이었다. 지속적인 코로나19 시국으로 경직된 공무원들이지만, 뭔가 지시가 내려왔을 때 누구보다 정확하고 전문적으로 그 지시를 수행할 수 있는 이들 역시 공무원이었다. 먼저 아이디어를 내진 않더라도, 정확하고 확실한 주문만 내려준다면 정말 제대로 일을 처리하는 조직이었다.

결국 관건은 상사인 지자체장이 얼마나 좋은 자극을 주느냐 하는 것이었다. 실제로 내가 먼저 직원들에게 "이런 사업을 한번 해보자"하면 직원들이 정말 계획을 잘 짜오곤 했다. 게다가 사업추진도 잘 한다. 이런 경험이 반복되면서 '아, 구청장이 어느 정도까지는 끌어올려주는 역할을 해야 되는구나' 싶었다.

물론 힘든 일이었다. 구정이 관할하는 영역과 분야는 광범위하기 때문이다.

하지만 결재 올라오는 것만 보고 가만히 앉아있을 수만은 없는 일이었다. 구민들의 요구는 시대 흐름에 따라 점차 높아지는데, 행정력의 속도가 이를 못 따라간다고 느끼고 있었기 때문이었다.

그래서 낸 아이디어가 첫째, 내가 아이디어 뱅크가 되자는 것이었다. 그렇다면 어떻게 아이디어 뱅크가 될 것인가?

내게 일차적인 선생님은 바로 신문이었다. 나는 지금도 주로 신문, 언론 보도를 통해 아이템을 찾는다. 신문 읽는 데에 매일 새벽시간에 2시간 정도 할애하는데, 그러니까 신문이 내겐 일종의 학습서다.

신문에는 지자체의 활동 중 타의 귀감이 될만한 기발한 것이나, 뛰어난 것, 혁신적인 것들이 주로 소개된다. 또, 반면교사를 삼을만한 사건사고도 소개된다. 예를 들어 어느 지역에서 화재가 났다, 그러면 나는 이런 방식의 화재 사고가 우리 동구에도 날 수 있는 상황은 없을까 적용해본다. '만약 그렇다면 우리도 사전에 이런 부분을 점검해야 하지 않을까?'

선도적인 사업이 소개가 된다면 우리 동구의 상황과 접목시켜 검토해본다. '우리에게 적용 가능한가, 가능하다 하면 해보자!' 이런 식이다. 노인정책을 세우고 싶은데, 초선 구청장이다보니 아이디어를 내는 데 한계를 느낀다면, 인터넷을 통해 행정능력이 뛰어난 지자체의 사례를 찾아 들어가보는 것이다. 거기에서 우리 지자체와 유사한 부분을 찾아내면서 접목시키는 것이다.

그렇게 성공적인 벤치마킹을 위해 정파를 뛰어넘어 자매결연을 맺기도 했다. 특히

부산 동구-서울 성동구,
양 도시 발전을 위한 자매결연 체결

대한경제 2023.12.21

이날 체결식에는 김진홍 동구청장과 정원오 성동구청장, 양 도시 주민대표 등 20여 명의 대표단이 참석했으며, 상호발전을 위한 분야별 교류에 대한 논의도 진행됐다.
김진홍 구청장은 "자매결연 제안에 흔쾌히 공감하고 체결식을 준비해준 성동구에 감사드리며, 앞으로 활발한 교류를 통한 상생발전이 있길 기대한다"고 말했다.

출처: https://www.dnews.co.kr/uhtml/view.jsp?idxno=202312212354593940414

    서울 성동구와의 관계가 그러했다. 정원오 성동구청장은 3선 구청장으로, 비록 당적은 다르지만 행정력에 있어선 배울 점이 많다고 생각한다. 오랜 구정 노하우로 인해 다양하고 신선한 정책들을 펼치고 있다. 이에 우리 동구는 지난 2023년 12월 성동구와 자매도시 결연을 체결하고 문화관광, 체육, 지역경제 등 다양한 분야의 민관 교류 활동을 함께 해 나가기로 약속했다. 또한 성동구는 서울숲과 미술관, 다양한 카페 등으로 새롭게 거듭난 성수동이 있는 곳이다. 두 도시의 자매 결연으로 인해 창의적 개발, 도시재생과 관련한 경험만이 아니라 스타트업 지원 정책 등을 참고해 경제 활성화와 일자리 창출에도 도움이 될 것으로 기대하고 있다.

    그 가운데 구청장 민원용 휴대폰 번호 공개라든가, 생활밀착형 무상 칼갈이, 우산수리 사업 등은 우리 동구에도 적용해 큰 호응을 얻은 것이었다. 특히 칼갈이, 우산수리 사업은 일자리도 창출하고, 행정력이 이 정도까지 주민 생활 가까이에 있다는 것을 보여주는 대표적인 사례로 회자되며, 부산시 다른 지자체에서도 확대 시행되고 있는

부산 동구와 자매도시 결연을 맺은 도시 어디?

서울 성동구
2023년 12월 21일 자매도시 협약 체결

성동구는 왕십리를 중심으로 강남, 강북을 연결하는 교통의 요충지다. 지하철 2,3,5호선과 국철, 분당선의 다섯개 노선이 통과하는 17개의 전철역이 위치, 동호대교, 성수대교를 축으로 강남, 북을 연결하는 서울 동북부의 교통 중심지다.

또한 서울에서 가장 긴 수변을 접하고 있으며, 청계천, 중랑천, 한강 등 총 14.2km의 수변과 접하고 있는 물의 도시이기도 하다.

여기에 2.17km²의 성수 준공업 지역의 생산 기능과 용답동 중고자동차 매매시장, 마장축산물시장의 유통 기능, 금호, 옥수, 행당동 대규모 아파트 단지를 중심으로 한 주거 기능을 고루 갖춘 생산과 유통, 주거 기능을 갖춘 복합형 도시로서 향후 두 도시간 교류에 따라 긍정적 효과가 클 것으로 기대된다.

서울 성동구 소재 응봉산, 출처 : PIXABAY

대만 가오슝시 옌청구(臺灣 高雄市 鹽埕區)
2024년 10월 18일 국제우호도시 협정체결

대만 남부 가오슝시 중남부에 위치해 있으며, 과거 가오슝시의 정치 및 경제의 중심지였으나 도시개발로 인해 쇠퇴한 원도심 지역이라는 점에서 동구와 유사한 지역이다. 최근 도시재생 및 문화예술 커뮤니티 구축을 통해 새롭게 관광도시로 부상하고 있는 도시이다. 대표적인 관광지로 보얼 예술특구, 가오슝 뮤직센터 등이 있으며, 도시재생, 문화예술, 경제 활성화 분야에서 상호 교류증진을 도모하고 있다.

풍영정
출처 : 광산구 블로그 소셜지기단 심인섭,
광산구 홈페이지

광주 광산구

1998년 10월 22일 체결

광산구는 광주광역시의 서북부에 자리잡고 있는 문호(門戶)이다. 동쪽으로는 서구·북구, 서쪽으로는 함평군, 남쪽으로는 나주시와 남구, 북쪽으로는 장성군과 접하고 있어, 항공교통, 철도교통과 고속도로 및 국도 등의 육상교통이 발달한 교통의 요충지이다.

동부에는 비옥한 평야지를 흐르는 극락강을 경계로 광주시의 서구, 북구와 인접하고 남부는 광활한 평야가 나주평야에 이어지면서 나주시 및 남구와 경계를 이루고 있다. 북부는 소백산맥 산악 및 구릉성 산지를 이루며 장성군과 경계를 이루고 있고, 서부는 비교적 완만한 산악지대나 구릉지와 함께 함평군과 경계를 이루고 있다.

울진군
출처 : 울진군

경북 울진군

2008년 11월 12일 체결

경상북도 동북단에 위치한 울진군은 동쪽으로는 동해를 서쪽으로는 봉화군과 영양군, 남쪽은 영덕군, 북쪽으로는 강원도 삼척시를 접하고 있다. 2개의 읍과 8개의 면으로 행정구역이 구성되어 있으며, 총 989.37km²의 면적에 6만여명의 인구가 살고 있는 농업과 어업을 겸한 농촌마을이다. 2009년 신청사 축하방문단 참석을 시작으로 대게, 송이 축제, 차이나 축제 상호 방문과 직원 한마음 등반대회 등 꾸준한 교류를 이어오고 있다.

하동군
출처 : PIXABAY

경남 하동군

2016년 5월 10일 체결

경상남도의 최서부에 위치하여 북쪽으로는 지리산, 서쪽으로는 섬진강, 남쪽으로는 남해 바다가 위치하고 있다. 지리산 국립공원과 섬진강이 흐르고, 수려한 자연과 충무공 이순신 장군의 최후 승전장이었던 한려해상국립공원, 청정해역의 노량 앞바다 등이 있는 고장이다. 또한 신라고찰 쌍계사와 불일폭포, 칠불사 등 풍부한 관광자원과 흰 모래와 노송이 어우러진 백사청송, 하동포구 팔십리의 절경 등 천혜의 자연을 가지고 있다. 1개의 읍과 12개의 면으로 행정구역이 구성되어 있으며, 총 675.5km²의 면적에 5만 여명의 인구가 살고 있는 "대한민국의 알프스"이다.

중국 절강성 소흥시
(中國 浙江省 绍兴市)

2019년 8월 27일 체결

소흥시는 "담이 없는 박물관"으로 불리우는 2500여 년의 역사를 가진 문화고성의 도시. 경제, 문화, 관광 등 다양한 분야에서의 우호교류를 통한 양도시의 발전 및 국제화 역량강화에 상호 도움을 주고자 자매도시 결연을 맺었다.

중국 상해시 서회구
(中國 上海市 徐匯區)

2008년 11월 26일 체결

이 지구는 상하이의 고급 주택지, 과학·문화 및 상업의 중심지로, 차이나타운 지역발전특구의 특화사업 유치 및 행정·교육·경제 각 분야의 활발한 교류 도모를 위해 손을 잡았다.

중국 연태시 지부구
(中國 烟台市 芝罘區)

1996년 3월 5일 자매도시 결연 체결

항만·공업도시로 지방의 국제화 시대를 맞아 능동적으로 대처하고 상호방문 및 정보교류를 통하여 지역 간 교류증진과 경제발전 도모한다.

상황이다.

나는 늘 우리 구청 식구들에게 완전히 새로운 아이디어를 내려 하지 말고, 잘 하는 지자체의 행정을 최대한 벤치마킹해서 새 사업을 발굴해내도록 하라고 독려한다. 그 사업이 우리 동구에서 업그레이드되어 성과가 나오게 된다면 이는 우리의 성과가 되는 것이기 때문이다.

혹자는 "그렇게 만년 남 따라하다가 언제 1등 하려 그러냐"고 말할지도 모르겠다. 하지만 내 신조는 이렇다. 당장 1등은 못 되더라도 일단 2등까지 올라가보자는 것이다. 1등의 아이디어를 벤치마킹해서 2등이 된다면, 그땐 정말로 1등을 노릴 수 있게 되는 것 아닌가?

두 번째 내가 했던 생각은 구청 안에만 있는 공무원들을 밖으로 끌어내야 한다는 것이었다. 공무원의 약점은 현장 경험이 많지 않다는 것이었다. 그런데 이런 현장 경험의 부족은 어떤 정책을 시행할 때 현실과 동떨어진 결과를 초래하여 결국 공무원, 행정력에 대한 주민들의 지탄으로 이어진다. 이런 부정적 실무 경험은 또 다시 움츠러든 탁상공론으로 이어지는 악순환을 낳곤 했다.

작은 성과라도 직원의 공으로 돌려 성과 인정

그래서 나는 우리 구청 직원들을 믿고 팍팍 밀어주는 정책을 썼다. 현장으로 내보내되, 어떤 성과가 났을 때 이를 담당 직원의 공으로 돌려주는 것이 중요했다. 아무리 작은 성과라도 이를 인사고과에 반영하도록 했다.

또, 일정한 성과가 나면 그 성과를 반드시 보도자료로 만들어 언론사에 배포하도록 했다. 아마 나처럼 보도자료 많이 낸 구청장은 없었을 것이다. 처음엔 우리 직원들이 자기 자랑 같아 그런지 보도자료 내기를 꺼려하고 부담스러워 했다.

그래도 언론사 기자를 초청해 보도자료 쓰기 교육도 하고, 매번 보도자료부터 올리도록 적극 장려했다. 외부 보도가 나오면 현수막도 내걸고 적극 칭찬도 했다. 동기부여가 중요하다고 생각했기 때문이다.

그러다보니 생각보다 빠르게 변화가 찾아왔다. 자신을 포함한 자기 부서의 성과가 대내외적으로 평가를 받자 분위기가 바뀌기 시작했다. 무슨 일이든 담당 부서가 아무

김진홍 부산 동구청장, 한국지방자치경영대상 '최고경영자상' 수상

전국매일신문 2024.7.11

한국공공자치연구원은 지난 9일 일산 킨텍스에서 열린 제29회 한국지방자치경영대상 시상식에서 김진홍 동구청장이 최고경영자상을 수상했다고 밝혔다.

1996년 제정돼 올해로 29회를 맞이한 한국지방자치경영대상은 대한민국 최초로 지방자치 성과평가에 민간경영기법을 도입해 1차 정량평가, 2차 정성평가, 주민만족도 조사, 심층 인터뷰 등을 거쳐 종합대상과 부문대상을 선정하는 권위 있는 상이다.

뛰어난 리더십으로 지역발전 및 주민 삶의 질 향상에 크게 기여한 지방자치단체장을 선정하는 등 민간부문 지방정부 평가제도 중 가장 권위가 높다.

출처 : https://www.jeonmae.co.kr/news/articleView.html?idxno=1055209

리 잘 해도 홍보가 안 되면 소용이 없는 일이다. 주민들도 알지 못하고 그러다보니 외면받는 정책, 죽은 정책이 되어버리고 만다.

사업 내용이 알려지고, 그 성과가 쌓이면서, 이것이 또 개인의 인사고과로 이어지면서 동기부여가 확실해졌다. 구청의 일이 자신의 일이 되는 순간이다.

직원들도 밖에 나가서 사람들이 기사 보고 잘 했다 칭찬 받고 하니까 자신감이 올라가는 모습이었다. 매일 하던 일에 대한 피드백이 돌아오니 일할 맛이 나는 것이다. 이러한 선순환이 한 번 돌고 나니 그 부서는 다음부터 더욱 자신감을 얻고 움직이기 시작했다. 뭔가 구청장과 직원, 그리고 주민 간 서로 신뢰를 쌓아가는 기분이었다.

처음엔 귀찮아하던 우리 직원들이 이젠 알아서 척척 보도자료를 낸다. 공무원은 일한 것을 인정받아 좋고, 구민들은 모르고 지나칠 뻔했던 행정소식을 알아서 좋고, 그야말로 일석이조다.

김진홍 동구청장, 매니페스토 공약 이행평가에서 '최고 등급(SA)' 달성

부산일보 2025.5.16

부산 동구는 '북항시대 동구! 꿈을 현실로'를 민선8기 비전으로 정하고 주거환경 개선을 통한 명품 동구 만들기 등 5대 분야 52개 사업을 공약으로 추진 중이며 2024년말 기준 35개 사업을 완료하여 이행률 69.2%를 기록했다. 이는 전국 평균 이행률 53.05%를 크게 웃도는 수치다.
김진홍 동구청장은 "이번 평가 결과는 함께 머리를 맞대고 노력해 준 직원들과 공약에 대해 조언을 아끼지 않았던 자문단, 평가단 등 구민의 목소리가 공약목표 달성도를 높였기에 가능했던 값진 결과"라며 "남은 임기 동안 할 수 있는 모든 역량을 집중해 구민과의 약속을 끝까지 지켜 나가겠다"고 밝혔다.

출처 : https://www.busan.com/view/busan/view.php?code=2025051614314035642

그러다보니 우리 구청이 과거에 비해 대외적으로 수상도 많이 하게 되었다. 동구청 개소 이래 아마도 최고의 수상실적을 보이고 있다. 부산시 구·군 중 수상 실적도 있지만, 전국 단위의 평가에서도 수상을 하는 쾌거가 이어지고 있다.

행정안전부가 전국 지자체를 대상으로 평가하는 2024년 적극행정 종합평가에서 우리 구가 우수기관으로 선정되었으며, 한국공공자치연구원이 매년 선정하는 한국지방자치경영대상에서 최고경영자상을 수상하는 영광을 누리기도 했다.

한국매니페스토실천본부가 선정한 전국기초자치단체장 매니페스토 우수사례에 우수상으로 선정되었으며, 이데일리와 대한경제신문사가 각각 주최하는 대한민국 지방자치 행정대상, 대한민국 지방자치 혁신대상에서 대상을 차지하는 쾌거를 이루기도 했다.

동구 브랜드지수도 엄청나게 올랐다. 실제로 매년, 매월 실시하는 대한민국 기초자치단체 브랜드 평판 순위가 그것을 보여준다. 내가 동구청장으로 취임한 2022년 7월 이듬해인 2023년 1월 동구의 순위는 194위였다. 그 다음해인 2024년 1월 동구의 브랜드 평판 순위는 무려 132 계단을 뛰어오른 62위였으며, 2025년 2월의 순위는 전체 226개 기초단체 중 57위로 100위 권 안으로 안정적으로 접어들었다. 이 모든 게 우리 구청 직원들이 스스로 변화하려 애쓰고 나와 함께 우리 구민들을 위해 달린 결과다.

지금도 내 휴대폰 카카오톡 '나에게 쓰기' 기록을 보면 많은 메모들이 떠 있다. 나는 카카오톡을 메모지로 활용한다. 신문 기사 링크도 보내놓고, 그때 그때 떠오르는 공모전 아이디어도 많이 기록해둔다. 그래서 성과가 난다. 성과가 나야 직원들은 일할 맛이 나고, 공무원이 일할 맛이 나야 구민들이 살기 좋아진다.

1-3   산복도로 고도지구 개발제한 일부를 완화하다

인구 고령화로 인한 빈집 증가와 낙후된 시설로 인한 도시 슬럼화. 원도심 지역이 안고 있는 대표적인 문제다. 동구 역시 이들 문제로부터 결코 자유롭지 못하다.

다른 원도심권도 비슷한 상황이겠지만, 동구의 고령화 비율은 2년 전 이미 28%를 넘었다. 초고령화 사회에 이미 진입했다. 더욱 큰 문제는 이들 원도심 문제의 많은 부분이 산복도로 고지대를 중심으로 밀집해 있다는 점이다.

산복도로는 오래된 역사를 갖고 있다. 1950년 6·25전쟁 때 피란민들이 부산역, 부산진역을 중심으로 갑자기 유입되면서 급하게 조성된 주거지다. 상하수도 등 정주환경을 갖추기 전에 사람들이 물밀듯이 밀려들다 보니 주거환경이 열악했다. 이때 만들어진 주거환경이 지금까지도 보수와 부분 개선을 거치며 이어지고 있다.

산 중턱을 깎아 길게 연결한 산복도로는 부산항 앞바다가 눈앞에 펼쳐지는 경관에다 단순한 도로 그 이상의 의미를 지닌다. 하지만 그 역사적 가치에만 무게를 둔 결과, 산복도로 일대의 주거지역은 흑백의 역사 속에 갇히고 말았다. 1960년대 서부산권에 대규모 공단이 들어서고 공단과 원도심을 잇는 중심지로 서면이 급부상하고 해운대

신도시가 생기면서 교육·문화·상업시설의 개발은 동부산권에 집중되기 시작했다.

주거 가치 또한 편중됐다. 주민들이 원도심을 떠나면서 인구는 줄어들었고 개발에서 소외되는 악순환이 반복됐다. 2008년부터 진행된 북항재개발 사업은 동구의 획기적인 변화로 여겨졌지만 초고층 건물로 인한 조망권 훼손으로 원도심 주민의 상대적 박탈감을 더욱 높이는 결과를 초래했다.

이 지역에 살고 있는 주민들은 주거, 교통, 주차 등 수많은 문제를 경험하고 있다. 주거지 형태 자체가 많은 계단을 끼고 있어 접근성도 떨어진다. 소방차가 진입하려 해도 도로 옆에 주차한 차량들로 골든타임을 놓치는 경우가 허다했다. 지역주민들은

이바구복합체육문화센터 방문

개발이 돼서 주거환경이 개선돼야 한다는 욕구가 강하다. 여기 사는 분들이 하는 말 중 하나가 "아파트에 한번 살아보고 싶다"는 것이다.

산복도로 아래에만 집을 올릴 수 있다 보니 주택 옥상이 주차장

산복도로협의체 정기회의

이 되는 독특한 풍경도 펼쳐진다. 산복도로가 아니면 볼 수 없는 풍경이다.

부산 시내 고도지구는 동구·중구·서구를 잇는 망양로변 노면 이하 5.3㎞ 구간 8곳과 역사문화환경보전지역 주변 등 23곳이 있다. 원도심인 망양로변 고도지구는 1972년 최초 지정 이후 50년 넘게 유지되고 있다. 오랫동안 규제에 묶여 주변 지역과의 형평성 문제 제기가 끊이지 않았고, 각 지자체가 고도지구 해제를 건의했다. 부산진성 수영사적공원 충렬사 등 역사문화환경보전지역 주변 고도지구는 문화재보호구역과 건축물 높이 이중 규제로 재산권이 제한돼 민원이 잇따랐다.

원도심 산복도로협의체는 이런 배경 속에서 만들어졌다. 평소 정치를 하면서 동구, 서구, 중구, 영도구 등 원도심 지역은 공통으로 산복도로를 끼고 있으면서 비슷한 현안들을 안고 있어서, 원도심협의체를 구성하여 한 목소리로 대응해야 실질적 현안 문제를 해결해나갈 수 있다는 신념을 가지고 있었다. 구청장에 취임하고 제일 먼저 원도심 지역의 구청장들에게 제안하여 원도심 산복도로협의체를 발족시키게 되었다.

원도심의 현안 과제에 공동 대응하고 상생 발전하기 위해 2023년 7월 산복도로를 지닌 5개구(중·서·동·영도·부산진구) 구청장과 전문가 등으로 구성된 단체다. 원도심의 문제는 내가 구청장으로 취임 전부터 존재하던 오래된 문제로서, 누구 하나의 힘으로 해결될 수 있는 문제가 아니다. 관련 구청장들이 공동으로 힘을 모아 관련 쟁점을 이슈화하기 위해 만들어졌다.

그동안 산복도로 일원 현안문제 해결을 위한 성명서 제출, 빈집 토론회와 분기별 정기회의 개최 등 도시환경 개선을 위한 다양한 활동을 펼쳐왔다. 내가 초대 회장을 맡아 지금까지 발맞추고 있다.

비록 우리 협의체의 규모는 작지만 강력한 목소리를 내며 주민들의 삶의 개선을 위해 앞장서고 있다. 올 초 산복도로 고도제한이 일부 완화되면서 주요 과제 해결의 실마리가 마련됐지만 아직 갈 길이 멀다.

다행히 부산시는 올해 1월 원도심 산복도로 일원 고도지구 제한을 대폭 완화하는 내용의 재정비안을 마련했다. 지난해 9월 공개한 '2030년 부산도시관리계획 재정비(안)'에 대해 해당 지자체와 주민들의 의견을 수렴한 결과다.

앞서 공개된 도시관리계획 재정비안이 도시계획 규제로 인한 열악한 주거환경 등 시민 불편 사항을 개선하는 데 초점을 맞췄다면, 이번 변경안은 주민 의견을 수렴하고 지역 여건과 특성을 고려해 유연하게 마련됐다는 점에서 한 발 발전했다.

다만, 북항 재개발 수정축 일원 사업과 연계해 폐지하기로 계획된 동구 내 '수정1·2지구'는 북항재개발 사업성 제고 등을 고려해 이번 완화 대상에서 제외됐다는 점이 다소 아쉬운 점이다. 부산항 조망권 확보를 위한 고도제한 등 건축규제가 몇 십 년간 지속되다 보니 슬럼화도 심각한 상황인데 이에 대한 문제 해결이 시급하다.

원도심 빈집 문제 해결도 주요 과제

고도지구에 대한 추가적인 제한 완화 및 완전 철폐와 더불어 우리 협의체에서 다루는 주요 의제 중 하나가 바로 빈집 문제다.

빈집 문제는 전국적인 사안이지만 원도심의 경우 더욱 심각한 실정이다. 부산 원도심은 지역소멸이라는 절체절명의 위기에 놓여 있다. 위기 앞에 선 원도심 5개구는 산복도로협의체를 통해 원도심만의 역사·문화적 가치를 최대한 끌어올리는 동시에 부산의 대표적인 경관인 산복도로를 살릴 수 있는 방향으로 머리를 맞대었다..

때마침 북항재개발 사업으로 친수공간과 랜드마크가 조성되고 철도지하화 특별법 국회 통과, 금융기회발전특구 지정 등 새로운 기회와 변화의 바람이 동구와 원도심에 불고 있다. 자치단체 단독으로는 큰 힘을 발휘할 수 없지만 5개구가 공동으로 나선다면 문제해결에 한걸음 더 다가설 수 있고 더 나아가 부산시 전체에도 변화의 바람을 줄 수 있다고 생각한다.

원도심에 있어 가장 큰 문제는 주거환경 개선이다. 깨끗한 집도 집이지만, 그보다 부동산 가치의 재고가 절실하다. 원도심은 과거 부산의 중심이었다. 과거 땅값이 비싸다 보니 해운대 등 외곽에 아파트를 지었고 이제는 젊은 층이 다 빠져나갔다. 지금은 원도심에 공·폐가 등 빈집 문제가 심각하다.

동구만 해도 빈집이 1200여채 가량 된다. 게다가 이들은 대체로 급한 경사지를 끼고 있다 보니 소득수준이 낮고 연로한 어르신들이 많이 거주한다. 이들의 삶에 필요한 각종 인프라들이 다른 지역에 비해 여전히 부족한 상황이다. 안타깝게도 세수 자체가 적다 보니 지원만 해주기에도 열악한 환경이다.

'산복도로 협의체' 위원장 김진홍 부산 동구청장

주간조선 2023.10.02

'노인과 바다'.

낙후한 부산 원도심을 일컫는 말이다. 한때 '피란 수도' 부산의 중심이자, 김영삼 전 대통령 등 다수의 정치 거물들을 배출한 '부산 정치 1번지'였던 중구·동구·서구·영도구 등은 이제 해운대구 등 동부권에 밀려 기력이 쇠한 상태다. 원도심에 있던 항만기능 역시 북항 재개발과 함께 부산 신항이 있는 강서구 등 서부권으로 급속히 빠져나갔다. 일자리가 사라지고 주거환경이 열악해 젊은 층이 대거 빠져나가다 보니 이제 부산 원도심에서 '노인과 바다'밖에 보이지 않는다는 자조 섞인 말이 나온다.

(중략)

초대 위원장은 부산엑스포의 주 무대가 될 부산역과 부산항국제여객터미널을 끼고 있는 동구를 이끄는 김진홍 부산 동구청장이 맡았다. 지난 9월 19일 부산 수정산 중턱을 가로지르는 산복도로를 중심으로 밀집한 형형색색 주택들이 내다보이는 동구청에서 만난 김진홍 구청장은 "8년간 시의원을 하면서 원도심 문제들에 대해 개별적으로 목소리를 내는 데 한계가 있다는 생각을 해왔다"며 "원도심 문제는 단체장이든 시의원이든 한목소리를 내야 정책에 반영될 수 있다"고 주장했다. 다음은 김진홍 구청장과의 일문일답.

'산복도로 협의체'를 만든 까닭은.

"부산시 16개 구·군 가운데 5개 구가 산복도로를 끼고 있다. 이들 5개 구는 과거 부산의 중심이었다. 5개 구 구청장들이 원도심의 문제들을 함께 해결해 보자는 취지에서 출범했다. 그동안에는 개별적으로 지역 현안들을 다루다 보니 시너지 효과가 없었다. 부산은 그간 해운대구를 중심으로 한 동부산과 상대적으로 낙후한 서부산의 대립이 심화됐다. 한데 동서 간 격차만 부각되다 보니 원도심은 오히려 소외되는 현상도 있었다."

(중략)

산복도로 인근 주거지를 재개발하면 원주민들이 내쫓기는 '젠트리피케이션'이 일어나지 않겠나.

"젠트리피케이션은 별로 걱정하지 않는다. 산복도로라는 곳이 평지만큼 건축물을 올리기에 좋은 곳은 아니다. 초고층이 올라갈 것이라고 보지 않는다. 아파트가 들어선다고 해도 중소규모 아파트가 들어설 것이다. 재개발을 해도 소규모 재개발 형식이 될 것이다. 부산시나 전문가들이 걱정하는 난개발은 큰 문제가 없을 전망이다."

과거에도 '산복도로 르네상스' 등 프로젝트가 있지 않았나.

"서병수 전 시장 때부터 부산시에서 '산복도로 르네상스' 사업을 해왔다. 하지만 원도심 지역을 권역별로 나눠서 하다 보니 하나로 통합되는 것이 없고 분산되는 단점이 있었다. 주민들도 도시재생에 따른 혜택을 크게 느끼지 못했다. 산복도로 협의체에서는 '포스트 산복도로 르네상스' 사업으로 이런 문제들을 함께 논의할 계획이다. 거점시설도 많이 노후하고, 산복도로도 100% 연결되지 못한다. 우선적으로 산복도로를 하나의 벨트로 연결할 수 있는 문제를 논의할 것이다. 산복도로 폭도 왕복 2차선 밖에 안 된다. 통행 차량이 많지는 않지만 도로 확장문제나 교행을 위한 버스베이(정류장)를 만드는 문제 등을 논의할 계획이다."

느슨한 '협의체'보다는 원도심 행정통합이 효율적이지 않나.

"행정이 통합되면 그만큼 시너지효과가 나타날 것이다. 원도심 대부분은 인구소멸 지역이다. 행정효율성 면에서는 통합이 되어야 하지만, 사실 통합하는 것만이 능사는 아니다. 정치권의 이해관계가 복잡하게 얽혀 있다. 서병수 전 시장 때도 '원도심 행정통합'을 하겠다고 공약했는데 결국 실패했다. 기득권을 포기해야 하는데 그런 부분들이 현실적으로 쉽지 않다. 각자가 가진 장점을 살려서 최대한 보완해 나가는 수밖에 없다. 개인적인 소신은 통합이 돼야 한다는 것이다."

(후략)

출처 : https://weekly.chosun.com/news/articleView.html?idxno=29126

우리 협의체에서는 원도심의 가장 큰 문제 중 하나인 빈집 문제를 공론화하고 문제 해결을 위한 실질적 방법 모색에 나서고 있다. 용역에서는 빈집 관련된 불합리한 제도와 법률 개정을 위한 타당성 확보와 함께 부산형 빈집 대안도 도출해 내는 성과를 내고 있다.

최근 동구에서는 원도심 주거환경 개선의 큰 과제인 빈집 문제를 해결하기 위해 조례 개정을 통한 관련 근거를 마련하고자 무허가 빈집 정비 조항을 포함한 조례안을 제안한 바 있다. 무허가 빈집에 대한 문제점과 심각성에 대해 원도심의 모든 구가 공감하였으며, 국회에 계류 중인 관련법 개정을 다시 한번 촉구하는 데 의견을 모았다. 산복도로협의체가 빈집문제를 현안으로 제기하여 언론의 도움으로 부산시와 정부의 정책 방향을 바꾸고, 정치권에서 법률 개정 작업이 진행됨으로써 전국의 빈집문제를 이슈화하고 해결방법을 도출해내는 최대의 성과에 구청장으로써 보람을 느낀다.

산복도로 고도지구의 개발제한 폐지 및 완화는 부산시의 현안이자 우리 동구 주민들의 염원이다. 앞으로도 원도심 산복도로협의체는 빈집 문제는 물론 다른 공동 현안 문제의 해결을 위해 단일한 목소리를 낼 예정이다. 오랜 세월 켜켜이 쌓인 원도심의 문제를 단번에 풀 수는 없겠지만 미래세대에게 살고 싶고, 찾아오고 싶은 도시를 물려주기 위해 부산 원도심 산복도로협의체는 지역발전이라는 목표를 향해 앞만 보고 달려갈 것이다.

부산시, 장기규제 원도심
산복도로 고도제한 대폭 완화

뉴스1 2025.1.10

원도심 구청장들이 중심이 된 산복도로 협의체는 주민 의견을 청취하며 동향을 주시하겠다는 입장이다. 부산시의 입장 변화는 반기지만 산복도로 일대에 추가적인 관리 방안 마련 등을 예고해 규제가 유지될 가능성이 높다는 게 이유다.

원도심 산복도로 협의체 위원장을 맡고 있는 김진홍 동구청장은 "고도 제한을 완화하면 난개발이 우려된다는 게 부산시 주장인데, 주거환경개선지구에 걸쳐 있어 이는 기우에 불과하다"면서 "언제까지 규제를 폐지하겠다는 기약도 없고, 그때그때 민간 사업에 맞춰 탄력적으로 규제를 적용하겠다는 건 상황 따라 안할 수도 있다는 의미여서 이를 온전히 받아들이기는 힘들다"고 지적했다.

출처 : https://www.news1.kr/local/busan-gyeongnam/5656817

산복도로 협의체 공동 로고 선정…
빈집 조례 정비도 논의

부산일보 2025.3.2

협의체는 우선 공동으로 사용할 로고(사진)를 선정했다. 원도심 5개 구 화합을 상징하는 모양을 담았고, 산복도로 '산'과 '집'뿐 아니라 지역별 특징을 고려해 '도로'와 '바다'까지 연상하게 만들었다.

새롭게 만든 로고는 '산복도로 이음길' 등 협의체가 추진할 공동 프로젝트에 활용할 예정이다. 산복도로 이음길은 동구·부산진구·서구·중구 등 4개 구를 산복도로로 연결하는 '4개구이음길', 영도구 바닷길과 산복도로를 잇는 '영도이음길'을 새롭게 구상하는 프로젝트다. 동구청 관계자는 "이음길 프로젝트는 구마다 의견을 반영해야 한다"며 "향후 지도를 만들거나 안내판을 정비할 때 로고를 활용하게 될 것"이라고 말했다.

출처 : https://www.busan.com/view/busan/view.php?code=2025022809550876745

동구의 대표 사업 8

1. 좌천주민활력어울림파크

지난 3월 13일 동구 좌천동 좌천초등학교 폐교 부지에서 '좌천 주민활력 어울림 파크 건립' 착공식을 개최하였다. 도시재생사업으로 시작한 본 사업이 국토부와 부산시 심의 등 어려운 행정절차를 마무리하고 사업추진 5년만에 드디어 첫 삽을 뜨게 된 것이다.

폐교된 좌천초등학교는 1972년에 개교한 오래된 시설이다. 한때 1000명이 넘는 학생들이 다녔으나, 2018년 마지막 졸업식과 폐교식 이후 주민친화 시설로 재활용하기 위한 다양한 노력이 진행

착공식 기념 시삽(왼쪽), 폐교 좌천초 사진전시(오른쪽)

되었으며, 2020년 국토부 도시재생사업에 선정되어 사업을 추진해왔다.

'좌천 주민활력 어울림 파크' 건립 공사는 폐교 부지를 활용한 국토부 도시재생 뉴딜사업으로 추진한 사업으로 부지면적 8,531㎡, 지하2층, 지상2층 건물로 총사업비 495억원을 투입, 공영주차장(86면), 부설주차장(55면), 헬스장, 마을주방, 다목적 강당 등 주민친화 도시재생시설이 조성되며 2027년 준공될 예정이다.

앞으로 좌천 주민활력 어울림파크 조성을 시작으로 육아종합지원센터, 어울림파크복합플랫폼, 순환형임대주택 등이 순차적으로 조성되면 이곳 좌천동은 북항시대 하버시티 동구의 새로운 중심축이 될 것으로 기대된다.

2. 수정산꿈자람터

2024년 5월 개장한 친환경 소재를 활용한 생태, 모험, 에너지 놀이터다.

수정산꿈자람터는 친환경 목재로 알려진 로비니아를 활용한 놀이터이며 아이들이 맘껏 뛰어놀 수 있는 공간이다. 수정산의 맑은 공기와 어우러져 아이들의 창의력이 쑥쑥 자라는 '꿈의 텃밭'으로 구성되어 있다. 수정산꿈자람터는 생태, 모험, 에너지 등 3개 놀이터로 구성되어 있으며, 매주 화~일요일 오전 10시부터 오후 6시까지 운영한다. 곤충호텔, 로비니아 그네, 로비니아 휴식공간, 통나무 둘러앉기, 해먹 놀이대, 집라인 등을 이용할 수 있다.

　수정산꿈자람터는 아동을 위한 창의적 놀이·교육 공간으로 행정안전부 우수 어린이 놀이시설로 선정되는 등 전국적으로 주목을 받으며 적극행정의 모범 사례로 자리 잡았다. 수정산꿈자람터는 '노후 빈집 문제 적극 해결'과 더불어 행정안전부가 주관한 2025년 적극행정 종합평가에서 높은 점수를 받아, 동구가 부산 16개 구·군 중 유일하게 '우수' 기관으로 선정되는 데 기여했다. 이는 지난해(2024년)에 이어 2년 연속 최고등급을 달성한 성과다. 행정안전부 적극행정 종합평가는 전국 지자체의 창의적이고 능동적인 행정을 평가하는 제도로, 실적 지표 평가를 통해 각 기관의 적극행정 수준을 종합적으로 심사한다.

까르륵 깔깔깔…
아이들의 천국 된 대형 숲놀이터

국제신문 2024.5.26

13세 미만의 아이들이 마음껏 뛰어놀 수 있는 대형 숲놀이터가 부산 원도심에 생겼다. 부산 동구는 지난 2일 어린이놀이터 '수정산꿈자람터'(국제신문 4월 17일 자 10면 보도)를 부산항 북항을 조망할 수 있는 수정산 자락(2만여 m²)에 개장했다. 부지 매입, 진입도로 개설, 다채로운 놀이 시설 마련에 국·시·구비 102억 원이 들었다.

출처 : https://www.kookje.co.kr/news2011/asp/newsbody.asp?key=20240527.22018005825

'수정산꿈자람터' 현장을 찾은 김진홍 구청장

3. 'ESG비전' 선포 및 특화사업 추진

2024년 4월 25일 시민마당 야외광장에서 구민 200여 명이 참석한 가운데 지속가능도시, 하버시티 동구 환경윤리경영(ESG) 비전 선포식을 개최하였다. 미래세대와 현재세대가 함께하는 지속가능한 도시, 동구를 위한 선택이었다.

지속 가능한 경제성장과 깨끗하고 안정적인 환경, 그리고 포용적 사회가 조화와 균형을 이루는 지속가능도시 추구에 환경윤리 경영은 필수적인 요소로 자리 잡았다. 우리 동구는 환경윤리 경영을 행정에 도입하고, 2026년 개항 150주년을 맞이하는 부산항 북항과 함께 미래 100년을 다각도로 준비하고자 「지속

우리동네ESG센터

가능 도시, 하버시티 동구」를 새로운 비전으로 제시하였다.

우리동네 ESG센터, 수정동 홍꼴ESG 장난감도서관 개관, 전국 최초 노인일자리를 통한 폐플라스틱 상품화, 동구 시민마당 들락날락 재활용 장난감 교환존 조성 등 관련 사업에 대한 지원을 다각화하여, 다시 돌아온 부산항 북항과 함께 '하버시티 동구' 브랜드를 널리 알리고 그에 걸맞은 국제해양도시로 도약하도록 노력해 나가겠다.

시민마당 들락날락 재활용장난감존

4. 이바구 복합문화체육센터 개소

주민들이 이용할 수 있는 새로운 생활공간 '이바구 복합문화체육센터'가 2024년 7월18일 개관했다.

이바구 복합문화체육센터는 정부의 생활SOC 복합화 공모 사업으로 총 사업비 187억여 원을 투입해 2022년 3월 착공, 2024년 3월 준공됐다. 규모는 지하 1층, 지상 9층, 건축면적 554㎡, 연면적 4680㎡이다.

1층은 임대공간(카페), 2층은 작은도

> ### 부산 동구
> ### '이바구 복합문화체육센터' 개관
>
> 부산일보 2024.7.21
>
> 동구는 지역 주민들이 새로 개관한 이바구 복합문화체육센터를 편안하게 이용하도록 적극 홍보할 예정이다. 주민들은 "비가 와도 아이들과 신나게 놀 수 있는 실내 놀이터가 생겨 기쁘다", "집 가까이에 도서관이 있으니 자주 이용하겠다" 등의 반응을 보였다.
> 김진홍 동구청장은 "주민이 오랫동안 기다려온 '이바구 복합문화체육센터'를 드디어 선보이게 돼 감개무량하다"며 "'남녀노소 모두가 즐길 수 있는 다양한 프로그램을 마련할 것"이라고 밝혔다.
>
> 출처 : https://www.busan.com/view/busan/view.php?code=2024072115013856467

서관·다함께돌봄센터, 3~4층은 동구 가족센터, 5층은 공공형 실내놀이터, 6~7층은 국민체육센터, 8~9층은 생활문화센터가 입주했다.

5. 168 계단 경사형 엘리베이터 운행

주민 생활 편의와 관광객을 끌 수 있는 경사형 엘리베이터가 운행을 개시했다. 이는 당초 공약 사항이기도 했다. 초량동의 오랜 명물 168계단은 폭이 좁고 경사가 33도에 달해 매년 안전 사고 발생 등의 문제가 있었다. 하지만 가파른 언덕 위에 거주하는 주민들이 반드시 이용할 수밖에 없는 공공시설물이기도 했다.

이러한 주민들의 불편함을 해소하고자 동구는 2016년 이곳에 8인승 모노레일을 설치한 바 있다. 애초 생활형 교통수단이자 관광 상품으로서의 기대가 컸으나 잦은 고장으로 몸살을 앓았다. 그러다 이번에 '초량 168계단 하늘길(경사형 엘리베이터)'의 가동을 시작하게 됐다.

초량 168계단 경사형 엘리베이터

초량 168계단 경사형 승강기…
이바구플랫폼 개장

KBS 2025.3.4

'초량168계단 경사형 승강기'가 개장식을 열고 본격 운영에 들어갔습니다.
부산 동구는 "초량168계단에 모노레일이 설치되어 있었지만 잦은 고장으로 2023년에 철거했다"며, "이번 승강기 설치로 탑승 인원을 12명으로 늘리는 등 주민과 관광객들의 편의를 높일 수 있게 됐다"고 밝혔습니다.
또 부산시 공모사업으로 조성한 청년 창업 공간인 '이바구플랫폼'도 함께 개장해 음식점과 카페, 공방 등 8개 청년 기업이 입점할 예정입니다.

출처 : ttps://news.kbs.co.kr/news/pc/view/view.do?ncd=8191461&ref=A

6. 산복도로 골목골목 주민 밀착형 생활 서비스 확대

주민들의 삶의 질 개선을 피부로 느낄 수 있도록 하는 눈높이 맞춤형 생활 서비스 지원도 이어진다. 일단 우리 동구의 대표적 생활밀착형 서비스가 된 칼갈이 서비스가 있다. 무료 칼갈이 사업은 2023년 부산 구·군에서 가장 먼저 우리 동구가 시작했다. 이후 다른 구에서도 벤치마킹해 시행 중이다. 첫 해엔 칼 9421자루와 우산 2116개를 수리했는데, 주민 반응이 무척 좋았다. 무뎌진 칼뿐만 아니라 고장 난 우산도 수리하는 센터도 운영하고 있으며, 반려 식물 분갈이 무상서비스까지 확대했다.

이밖에도 '찾아가는 반려동물 미용·종합상담' 행사, 전화 한 통이면 무조건 출동하는 '1688-0052 모기콜 센터' 운영, 고지대 교통약자 어르신을 위한 '행복콜' 서비스, 위생취약계층을 위한 '이바구빨래방', 폭염피해 예방을 위한 '생수나눔 냉장고' 및 '쿨링포그' 설치, 양산 대여 및 살수차량 운영 등 주민의 삶의 질을 올리기 위한 밀착형 서비스를 확대 시행 중이다.

찾아가는 반려동물 미용·종합상담 행사(위) 생수나눔 냉장고(아래)

7. 부산 최초 장애아동 발달지원센터 개소

동구 장애아동발달지원센터는 2023년 3월 개소 후 발달지연 의심으로 접수된 아동 38명 중 21명의 발달 전반에 대한 심층평가를 지원하였다. 21명 전원(100%) 발달지연을 확인했고, 부모양육태도 개선이 필요하다는 결과가 나왔다. 심층평가 후 모니터링을 통해 평가 아동의 33%가 직접적인 재활치료 및 약물치료 개입을 하고 있고, 61%는 부모의 양육태도가 변화하였으며, 아동 전원이 발달에 긍정적 변화가 관찰되었음을 확인했다.

앞으로도 지역 내 아동들의 소득수준과 관계없이 발달지연을 조기 발견하고, 그에 맞는 적절한 재활이 이루어질 수 있도록 서비스 정보, 연계를 지원하는 등 조기 개입하여 아동의 발달지연 예방 및 부모의 양육 부담 경감에 힘쓰겠다.

"느린 아이 금쪽 처방"
부산 동구, 장애아동발달지원센터 개소

노컷뉴스 2023.3.13

부산시 지방자치단체 가운데 최초로 개소한 아동발달지원센터는 동구에 주민등록 주소지를 둔 만 12세 이하 아동을 대상으로 발달 지연 검사를 지원한다. 센터에서는 전문 상담사가 진행하는 다양한 검사를 통해 발달 지연을 진단하고 도움이 필요한 아동에게 정보 제공, 지속적인 모니터링 등 원스톱 맞춤 서비스를 제공한다.
김진홍 동구청장은 "발달 지연을 염려하는 가정의 걱정을 덜고, 발달 지연 아동을 도울 수 있게 돼 매우 기쁘게 생각한다"면서 "아이 키우기 좋은 동구를 만들도록 노력하겠다"고 밝혔다.

출처 : https://www.nocutnews.co.kr/news/5908954

8. 구봉산 힐링온수족욕장

구봉산 치유숲길에 위치한 힐링온수족욕장에 지난 3월 개장 이후 연일 오픈런 열풍이 불고 있다. 개장 두달만에 3500여명의 방문을 기록하며 초대박 흥행을 이어가고 있는 것이다. 특히 인근의 맨발 황톳길, 숲속헬스장에서 땀을 흘린 후 힐링온수족욕장에서 피로를 풀 수 있게 되면서 구봉산 치유숲길 또한 예전의 명성을 되찾고 있다.

구봉산 치유숲길 입구 산림감시초소 옆 50㎡ 규모의 기존 물놀이장은 여름 한철민 이용이 가능한데다 그마저 이용객이 없어 방치되고 있었다. 이렇게 활용되지 않던 시설을 온수족욕장으로 리

구봉산 힐링온수족욕장

모델링을 통해 3월12일 재개장 하게 된 것이다.

 매일 오전 10시부터 오후 4시까지 40도 정도의 온수가 공급되고 있으며 최대 40명까지 동시에 이용할 수 있다. 관리원이 상시 대기하며 청결을 유지하고 이용자 불편을 줄이는데 노력하고 있는점 또한 구봉산 힐링온수족욕장의 인기 비결이라 할 수 있다.

168모노레일을 찾은 사람들

제2장

사람과
부산 동구

"동구는 부산의 다른 어느 지역보다
정이 많고 인심이 좋습니다.
우리가 동구를 떠나지 않는 이유이죠."

2-1 | 명사가 말하는 동구

동구가 지닌 역사적 자산과 구민들의 따뜻함은 부산 미래를 여는 힘

박형준 부산광역시장

    민선8기 부산시정은 '글로벌허브도시'와 '시민행복도시'로 도약하기 위해 부산이 가진 가능성을 입증하고, 새로운 상징성을 부여하며 도시의 정체성을 새롭게 확립해 온 여정이었다고 생각한다. 그 과정에서 대외적으로는 글로벌 경쟁력과 도시 브랜드 가치를 끌어올리고, 대내적으로는 시민분들께 새로운 희망과 자부심을 안겨드렸다고 자부한다.

  아울러, 부산의 잠재력을 극대화하며 도시의 혁신역량을 강화하고, 시민행복도시로서 저력을 입증한 것도 큰 성과라고 생각한다. 세계 2위의 환적항(port of transshipment)인 부산항을 중심으로 도로, 철도, 공항 등 혁신 인프라를 구축하고, 부산 전역을 새로운 기회와 가능성이 넘치는 혁신의 기지로 탈바꿈시켰다.

  또한 3년 전에 비해 20배 증가한 역대 최대 규모의 투자를 유치하며 혁신성장을 이

끌고, 인공지능(AI) 기술·양자기술 등에 기반한 미래 신산업 육성에도 힘써왔다. 출생부터 초6까지 공공이 온종일 돌보고 교육하는 전국 최초 부산형 통합 늘봄, 시민 건강 증진과 공동체 활성화를 위한 생활체육 중심도시 등 체감도 높은 정책들로 '다시 태어나도 살고 싶은 도시'로 거듭나고 있다.

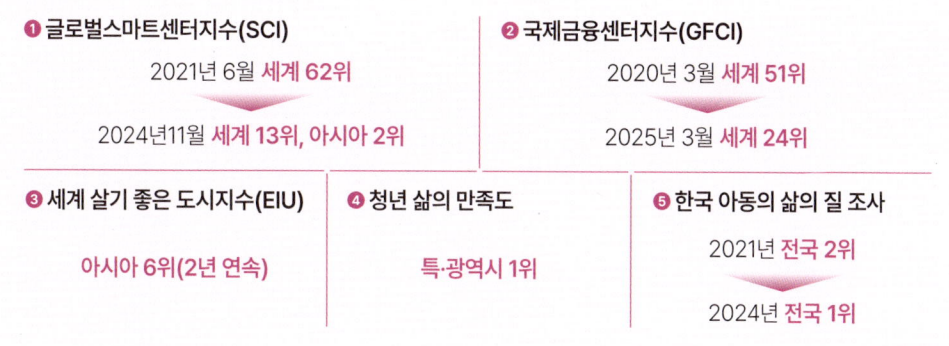

현재 부산시가 당면한 현안은 미래 혁신동력을 확보하고, 시민이 행복한 도시를 만들어가는 과제이다. 이를 위해서 국가전략 차원에서 획기적 규제개선과 특례를 담은 특별법이 제정되어 부산에 오는 기업들을 위한 다양한 특례와 지원의 근거를 마련해 줄 필요가 있다.

앞으로도 부산시는 부산의 잠재력을 극대화하며 미래 성장동력을 확보하는 동시에, 시민분들의 삶의 질을 높이기 위해 주력해 나가고자 한다. 우리 시가 추진 중인 '글로벌 허브도시'의 궁극적 목표도 결국, 시민 한 분 한 분이 행복한, '다시 태어나도 살고 싶은 도시'를 만드는 것이다.

사진제공 : 부산시청

이런 부산시의 발전에서 동구가 가지는 의미는 크다. 동구는 부산의 과거와 현재를 이어주는 곳으로, 전통과 역사가 숨쉬는 구(區)인 동시에 북항 재개발 등으로 가장 앞서가는 미래형 도시의 잠재력을 갖춘 곳이다. 현재 부산역, 부산항 등 유동인구가 많은 시민생활의 중심지이기도 하다. 아주 오래 전부터 동아시아의 해상 교류에서 중요한 역할을 해왔으며, 근현대사의 흔적도 많이 간직하고 있어 부산 뿐 아니라 대한민국 전체로 보아서도 과거와 미래의 에너지를 이어주는 곳이다.

현재 동구는 북항재개발사업을 통해 부산의 새로운 중심으로 거듭나고 있다. 국제여객크루즈터미널, 친수공원, 북항마리나 등이 조성되어, 부산항 개항 이래 146년 만에 부산 앞바다가 부산시민의 품으로 돌아오고 있다. 또한 부산 오페라하우스, 랜드마크 타워 설치 등으로 동구는 해양교통의 거점이자 시민의 해양레저·휴식 공간으로 재탄생하여, 명실상부한 해양관광의 중심지가 될 것이다.

유라시아 철도의 시작점인 부산역과 동북아 최대 환적항만인 부산항을 가진 동구는 그야말로 부산의 관문, 한반도의 관문이며, 이제 북해항로 시대를 맞아 유럽, 아시아, 아메리카를 효율적으로 잇는 세계의 중요 관문 중 하나가 되고 있다. 주요 대륙을 최단거리로 연결하는 지정학적 위치와 천혜의 항만 운영 조건 등은 현재도 세계적으로 손꼽히는 항구이지만, 앞으로도 동구의 무한한 잠재력을 말해주고 있다.

또한 부산역과 인접한 북항은 해양관광의 거점으로 발전잠재력이 우수한 지역이다. 북항 재개발 사업이 추진되고 있고, 금융기회발전 특구로도 지정되어 있다. 친수·항만시설, 해양레포츠시설, 상업·업무 시설, 숙박·관광시설 등 복합기능을 가진 해양관광거점지역으로 변모시켜 가고 있다.

동구(초량동)는 제가 태어난 고향으로 나에게는 의미 있는 곳이다. 또한 1960~1970년대 부산의 역사와 산업화를 이끌어온 중심지이자, 공동체 정신과 이웃 간의 따뜻한 정이 살아있는 지역이다. 그 동안 경제 성장과 관련된 개발이나 발전은 다소 늦었을 수 있지만, 나는 동구가 지닌 역사적 자산과 사람들의 따뜻함이야말로 부산 미래를 여는 힘이라고 생각한다.

향후 부산이 가지고 있는 잠재력을 극대화하여 명실상부 동남권의 거점 도시이자 '글로벌 허브도시'로 도약하기 위한 우리 부산시정의 노력에 동구 구민분들께서도 항상 따뜻한 관심과 지지로 함께 해주시길 바란다.

박형준 부산광역시장

경력사항
· 제39대 부산광역시장
· 제17대 대한민국시도지사협의회 회장
· 제38대 부산광역시장
· 前 대통령 사회특별보좌관
· 前 대통령 정무수석비서관
· 제17대 국회의원(수영구, 한나라당)
· 前 동아대 사회과학대학 사회학과 교수

동구와 부산원도심의 변화는 이제 시작

곽규택 제22대 국회의원(국민의힘·부산 서구동구)

 2024년 5월 30일 제22대 국회가 시작된 이후 거대야당 구조에서 중앙 의정활동을 진행한다는 것이 쉽지는 않았다. 그러나 국민의 삶과 직결되는 법안을 추진할 때나, 지역 현안에 대한 의정활동을 추진할 때에 여야는 없었다.

 특히 해사법원 부산 유치를 위한 '해사법원 설립 입법촉구 국회 토론회'의 경우에도 더불어민주당 전재수 의원(부산 북구을)과 함께 추진했던 것은 물론 법사위에 상정시키기까지 협력을 이어갔다. 낙동강맑은물 특별법을 추진하는 과정에서도 더불어민주당 민홍철 의원(김해갑)과 공동발의 했다.

 그 외에도 항만 재개발·철도 지하화 개정안을 발의하는 등 부산 원도심의 혁신적인 변화를 이끌어내기 위한 의정활동을 쉼 없이 이어가고 있다.

 부산 동구는 북항재개발을 중심으로 글로벌 허브도시 부산의 최전선으로 거듭나고

사진제공 : 곽규택 의원실

있다. 북항 1단계 사업을 통해서 항만기능을 재배치하고 친수공간, 문화공원 등 기반시설을 조성해 시민에게 열린 공간을 제공했다. 2단계 사업은 크루즈, 마리나, MICE, 해양 R&D 등 신성장 산업을 집중 유치하며 원도심의 활력을 다시 끌어 올리는데 집중한다. 즉, 조선산업과 항만이라는 과거를 뛰어넘어 해양·관광·문화·비즈니스가 융합된 도시공간으로의 전환이 본격화되고 있다.

하지만 부산 전체가 겪는 인구감소와 고령화라는 구조적 위기는 이 변화를 시험대에 올려놓고 있다. 동구는 이 위기를 가장 먼저 맞닥뜨린 지역이자, 그 해법을 가장 먼저 증명해 낼 과제의 중심지이다.

부산시에서 동구는 그만의 특별함을 품고 있다. 전 세계 주요 도시들은 과거 산업·항만 중심지였던 원도심을 재생해 새로운 성장동력으로 삼고 있다. 도시가 활력을 되찾으면, 사람과 자본이 다시 모이고 일자리가 생긴다는 점에서, 도시가 국가의 성장 엔진이 되는 것은 당연한 흐름이다.

부산도 마찬가지다. 우리 동구는 부산의 근현대사를 품은 시작점이자, 항만과 철도, 산업화의 중심지로서 부산 발전의 토대를 만든 곳이다. 지금은 북항재개발을 통해 해양·관광·비즈니스가 융합된 도시로 재도약을 준비하고 있다. 실제로 도쿄의 '다카나와 게이트웨이 시티'는 폐항 주변을 복합지구로 탈바꿈 시켜 도시 경쟁력을 끌어올렸고, 이는 동구가 가야할 방향과도 맞닿아 있다. 동구가 살아야 원도심이 살아나고, 원도심이 살아야 부산이 또 대한민국이 다시 뛸 수 있다.

부산 서구동구 국회의원으로서 앞으로 남은 기간 동안 '해사법원 부산유치법', '항만재개발법 개정안', '철도지하화법 개정안' 등 동구 핵심 현안을 담은 법안들이 단순한 발의에 그치지 않고, 반드시 국회를 통과할 수 있도록 동력을 잃지 않게 끝까지 챙길 것이다.

또한 최근 부산시가 발표한 '제2차 도시철도망 구축 계획'과 관련해 우리 동구는 기존 1호선에 더해 BuTX, 부산항선까지 총 3개 노선이 관통하는 교통 중심지로 도약하게 되었다. 이는 단순한 교통 인프라 확장을 넘어, 정주환경 개선과 지역경제 활성화, 관광자원과의 연계를 동시에 이뤄낼 원도심 재도약의 결정적 기회라고 생각한다.

동구 그리고 부산원도심을 다시 부활시키겠다는 초심, 반드시 지켜내겠다.

우리 동구와 부산원도심의 변화는 이제 시작이다. 약속은 실천으로, 희망은 현실로 보여드리고 싶다. 동구의 잠재력을 최대한으로 끌어 올리는데 전력을 다하겠다. 나와 김진홍 동구청장을 믿고 함께 힘을 모아주시길 부탁드린다.

곽규택 제22대 국회의원

경력사항
· 제22대 국회의원(부산 서구동구)
· 법제사법위원회 위원
· 前 예산결산특별위원회 계수조정 위원
· 前 국민의힘 수석대변인

지역의 성장과 발전의 핵심은
바로 인재

허남식 신라대학교 총장

　교육은 백년대계라고 한다. 이 말은 교육이란 넓게 앞을 내다보고 행해져야 한다는 뜻도 되지만, 끊임없이 연속되는 기획 속에서 진행되어야 한다는 사실도 함의한다. 우리 신라대학교는 지역사회 일군이 될 인재를 키워내는 데 그치는 것이 아니라, 더 먼 미래까지 내다보는 교육을 꿈꾸고 실천한다.

　그렇게 하기 위해서는 당대의 교육에 주력해야 할 뿐 아니라, 미래세대를 준비하는 교육자를 키워가는 데도 힘을 써야 한다. 교육자를 폭넓게 양성하는 사범대학을 가지고 있는 대학은 부산에서 단 두 군데, 부산대학교와 신라대학교 뿐이다. 우리 신라대학교 사범대학은 그동안 많은 교육자를 양성, 배출해 왔다.

　신라대학교는 1954년에 창학하여, 지난해인 2024년 창학 70주년을 맞았다. 원래는 연산동 소재 '부산여자대학'으로 출발했는데, 한강 이남 제1의 여자대학이었다. 연산동의 교지가 협소해서 1994년도에 사상구 괘법동에 위치한 현재의 백양캠퍼스로 이전했다. 1997년도에는 남녀공학으로 전환하면서, 새롭게 "신라대학교"라는 이름을 갖게 되었다.

신라대학교의 강점이라면 크게 두 가지를 꼽고 싶다. 우선 현실적인 변화에 효율적으로 대응할 수 있는 미래지향적인 인재상을 키워내는 데 최적화되어 있다는 점이다. 그리고 부산의 어느 대학에 비교해도 손색이 없는 쾌적하고 학업에 집중하기 좋은 교육 환경을 갖추고 있다는 점이다.

또한 우리 신라대학교는 부산 산업의 중심지인 서부산의 한가운데에 자리잡고 있다. 부산에서 산업의 중심지를 꼽으라고 한다면 사상구를 중심으로 한 서부산 지역을 빼놓을 수 없는데, 지역의 기업들과 밀접한 산학협력이 가능하여 지역 맞춤형 산학협력 체계가 잘 정착되어 있다.

아울러 신라대학교는 동남권에서 유일하게 항공대학을 갖고 있다. 부산 가덕도 신공항 건설 등 항공산업 발전에 필요한 지역의 전문 인력을 배출하는 데 앞장서고 있다. 시대정신에 부합하는 교육을 통해 인재를 양성하여 지역 사회 발전에 기여하고자 하는 신라대학교의 교육 이념에 기반한 노력이다.

이와 같이, 시대가 요구하는 인재를 키우기 위해 신라대학교는 앞서가는 안목과 현실적인 적응력, 두 가지 역량을 모두 아우를 수 있는 교육을 구현해 왔다. 이러한 교육기관이 지역사회 발전에 기여하는 역할은 대단히 크다고 할 수 있다. 지역사회가 지속적으로 발전하기 위해서는 지속적인 경쟁력을 갖추어 가야 하는데, 이러한 경쟁력은 결국 사람에게서 나온다. 즉 경쟁력 있는 인적 자원으로부터 경쟁력 있는 성과가 창출되는 것이다.

　지역사회의 발전을 견인하는 경쟁력 있는 인력은 지역대학에서 양성·배출해야 한다. 지역대학의 발전 없이는 지역발전도 있을 수 없다고 말해도 과언이 아니다. 이런 맥락에서 부산시에서도 지산학협력을 강화하고 있고, 부산의 대학과 지역기업의 유기적인 협력을 통해 상호발전해 나가도록 적극 지원하고 있다.

　동구는 우리 부산광역시에서 차지하는 위상이 대단하다고 본다. 부산시 발전의 초기에는 동구를 위시해서 중구, 서구, 영도가 부산의 전부라 해도 과언이 아니었다.

　특히 동구는 원도심으로서 부산의 중심인 동시에 부산의 관문이다. 대한민국 전체를 잇는 교통 중심축의 양극점 중 하나인 부산역이 있을 뿐 아니라, 원래 부산항이 있었던 곳이기도 하다. 세계적인 해양 물류 중심 도시로 꼽히는 부산에서, 부산항은 국내뿐 아니라 세계 전체를 잇는 항만 물류의 중심지다.

　최근에는 부산이 확장되어 가면서, 부산신항이 건설되고 기존의 항만 기능이 신항으로 이전됨에 따라, 기존 북항에는 항만 재개발 사업이 본격적으로 추진되고 있다. 북항 재개발 사업은 부산의 미래가 달린 큰 프로젝트로서, 이것이 진행됨에 따라 동구가 예전의 중요성을 크게 회복할 것이다.

　지금의 원도심 문제 역시 도시 재개발 사업으로 해소될 수 있을 것이다. 예전에는 동구가 중심이었던 만큼 노후된 주택들도 많이 밀집되어 있었다. 세월이 지남에 따라, 지금의 기준으로 보면 주거 환경이 열악해졌다고 평가받고 있지만, 창의적이고 효율적인 재개발 사업을 통해, 실질적 주거 환경을 개선하면서도 역사적인 특성을 살

사진제공 : 신라대학교 총장실

려 나간다면 오히려 부산을 대표하는 명소가 될 것이다.

모든 것은 사람에게서 나와서 사람에게로 돌아간다. 동구의 발전과 복지도 결국 시민의 삶의 질과의 관련성 속에서 판단되어야 할 것이다. 동구 시민의 삶에 총체적으로, 일차적으로 책임을 지는 것은 결국 동구의 기초자치단체장이다.

따라서 동구의 발전을 논하려면 동구의 기초자치단체장에 대한 담론이 가장 앞설 수밖에 없다. 기초자치단체장으로서 가장 중요한 조건 중의 하나가, 그 지역에 오래 살고, 그 지역을 잘 알며, 그 지역에 애정을 갖고 있는 사람이어야 한다는 데 대해서는 이견이 없을 것이다. 그런 사람이 헌신적으로 그 지역을 위해 일하는 추진력과 흠결 없는 인품까지 갖춘다면 더할 나위 없을 것이다.

김진홍 구청장은 그런 점에서 나무랄 데 없는 기초자치단체장이라고 생각한다. 동구 지역을 잘 알고 큰 애정을 갖고 있는 김진홍 구청장이야말로 그런 점에서 가장 적임자이며, 그분이 구청장으로서 헌신적으로 일해왔던 지난 3년이 이 점을 웅변해 주고 있다.

부산의 원도심, 부산의 관문인 동구의 발전은 세계도시 부산의 발전과도 직결되어 있다. 그런 의미에서 특히 동구의 발전을 견인할 북항 재개발 사업이 성공적으로 잘 이뤄지길 바란다. 김진홍 구청장은 이 프로젝트를 포함해, 지역 현안 문제를 잘 해결해서 부산의 중심인 동구 발전을 이루어 주실 것으로 믿는다.

허남식 신라대학교 총장
서울대학교 행정대학원 행정학석사

경력사항

2022.11. ~	제9대 신라대학교 총장
2016.06. ~ 2017.06.	지역발전위원회 위원장
2008.10. ~ 2011.08.	전국시도지사협의회장
2004.06. ~ 2014.06.	부산광역시장(제33, 34, 35대)

북항과 동구의 발전을 위해 힘써달라

박인호 부산항발전협의회·
부산항을사랑하는시민모임 공동대표

    동구에 사무실을 가지고 30년 생활해온 본인으로서는 동구에 애정이 크다. 또한 김진홍 구청장의 시의원 시절 지방분권운동을 함께 해왔고, 북항 관련 축제, 부산항개항제 등에서 함께 활동해 왔다.

    이에 북항 그리고 북항재개발 즉 해상신도시 조성에 관한 자그만 의견을 몇 가지 드린다.

    첫째, 북항은 원도심 발전에 밀접한 관계를 가지는 의미 있는 공간이다. 이 기회를 놓치지 말아야 한다.

    둘째, 부산만의 특색 있는 북항 해상신도시가 만들어져야 한다. 유동인구 50만의 해상공원도시, 해양레저관광도시, 복합상업유통도시가 만들어져야 한다. 이를 위해 중장기 해상신도시 계획(Sea Load Plan)이 수립되어야 한다. 이것은 동구의 특권이며 책임이다.

셋째, 북항 재개발이 동구 발전, 지역경제, 동구주민생활향상에 크게 도움되어야 한다. 이렇게 만들어가는 지혜는 김진홍 구청장께 달려있다.

끝으로, 동구 즉 하버 시티는 부산의 동쪽이 아닌 진정한 부산의, 부산항의 중심도시이다. 북항이 가져올 번영과 세계로 비약하는 하버 시티에 부산과 동구의 앞날이 크게 기대된다.

김진홍 구청장의 출판을 진심으로 축하드리고 건승을 빈다.

부산항을사랑하는시민모임 포럼에 참석한 김진홍 동구청장

부산항을사랑하는시민모임

1996년에 설립된 부산항을사랑하는시민모임은 부산항과 도시 및 시민과의 융합 제고, 사랑받는 시민항을 위한 범시민운동 전개, 시민이 부산항 가꾸기에 스스로 참여하는 시민 친화항 만들기 등에 그 취지의 목적을 두고 있는 단체로, 현재 2300명의 회원을 두고 있다.

부산항발전협의회

전국 및 부산의 해양·수산·항만·해운·물류·조선 관련 기관, 단체, 업계,학계 등으로 구성된 부산항발전협의회는 1999년 설립 이래로 우리나라 대표 해양·수산·항만·해운·물류·조선 관련 정책시민단체로 활동하고 있다. 관련 단체들 간의 상호 연계적 강화와 상승적 발전을 도모함과 동시 부산항을 글로벌 메가포트 구축과 부산을 한반도의 해양수도 그리고 한국 및 부산의 해양·수산·항만·해운·물류·조선의 발전에 기여하는 정책운동 활동을 수행한다.

"16년째 지지부진 부산항 북항재개발, 장기로드맵 다시 짜야"

연합뉴스 2024.10.14

부산항을사랑하는시민모임은 14일 긴급성명을 내고 방황하는 북항, 신뢰 잃은 재개발 사업에 성공하기 위해서는 장기 개발계획부터 다시 수립해야 한다고 주장했다.
(중략)
시민모임 관계자는 북항재개발 사업이 시행 16년이 지나도록 지지부진하면서 지역 발전의 짐이 되고 있다며 지금까지의 사업 과정을 철저히 분석하고 대안을 모색하기 위한 공론의 장을 마련해야 한다고 덧붙였다.

출처 : https://www.yna.co.kr/view/AKR20241014059300051?input=1195m

섬세하고 실질적 행정
계속해서 이어가길

조정희 부산여성소비자연합 회장

부산여성소비자연합은 기업 감시, 소비자 교육과 캠페인, 정보 제공 등 공정한 거래환경 조성과 소비자 권익 증진 향상을 위한 소비자운동과 지역사회 발전과 지역경제 활성화 등 부산 시민들의 삶의 질 향상을 위한 시민운동을 전개하고 있다. 회원은 5000명이다.

우리 연합이 소속되어 있는 부산시민단체협의회는 1996년 설립되어 현재 194,000명의 회원이 활동 중이다. 회원단체간의 긴밀한 유대로서 시민운동의 저변을 심화시키고, 협력에 의한 전문화 및 적극적인 활동을 통하여 개별단체의 활성화 및 지역사회 발전, 나아가 국가발전에 이바지하고 있다.

주요활동으로는 소비자상담센터, 섬유·세탁 분쟁 민간전문 심의위원회, 음식문화개선사업, 음식물쓰레기 줄이기, 탄소중립 인형극, 동백전 예산 확대 편성 요청, 소비자의 날 기념식 및 소비자정보전시회 개최, 홀로어른 위로잔치, 가덕신공항 건립~조기 개항 촉구, 산업은행 부산이전 촉구 운동, 부산 글로벌허브도시 특별법 제정 촉구, 향토기업살리기-지역기업 소비촉진 캠페인, 선물거래소 유치 운동, 고리1호기 재연장 반대, 부산대 이전 반대운동, 2030 부산엑스포유치, 지역 기업과의 상생행사 등을 해왔다.

시민단체가 집중하고 있는 것은 부산과의 발전적 관계다. 원래부터 한반도를 넘어서 동아시아의 허브 도시였던 부산은 현재 공사 중인 가덕공항이 2030년 완성되면 명실상부한 글로벌 허브 도시로서 거듭날 것이다. 그렇게 되면 부산은 더 많은 국내외 인구와 물류가 움직이는 공간이 될 것이며, 이에 따라 시민단체가 할 일도 많아질 것이다.

행정면에서 부산의 중요한 화두는 '경남행정 통합'이다. 대한민국 전체가 마찬가지이지만 인구 감소 추세는 지속되고 있고, 한편 교통 통신은 더욱 발달하고 있다. 이에 따라 보다 효율적인 생활환경 조성을 위해서 행정을 통합해야 한다고 본다.

서울도 서울·인천·경기도의 행정이 실질적으로 통합되면서, 인구도 살아나고 투자도 집중되고 있다. 부산과 경남도 성공적으로 생존하기 위해서는 통합이 불가피하다. 이를 위해서 부산시도 활발한 홍보를 통해 시민의 마음을 모아야 한다.

동구만 놓고 봤을 때는 전망이 밝다. 동구청장께서 워낙 부지런하고 시민들의 일이라면 바로 도움을 주시는 분이기 때문이다. 시민들이나 시민단체와 커뮤니케이션·협치를 잘 하는 분이다.

김진홍 청장은 시의원 할 때부터 보아왔는데, 구청장이 되신 후 더욱 더 부지런하게

한국여성소비자연합 부산지회 활동

뛰시는 것 같다. 엄청나게 많은 행사들이 있는데, 새벽부터 밤까지 쉬지 않으시는 것 같다.

그가 가진 또 한 가지 굉장히 큰 장점은 소통이 매우 긴밀하고 빠르게 이뤄진다는 점이다. 구청장께 문자나 카톡을 하면 한밤중이라도 반드시 답변이 온다. 많은 단체장들이 홍보성 문자를 보내오거나, 안부 인사를 보내도 한참 뒤에야 읽고 그러는 경우가 많은데, 김 구청장은 반드시 빠르게 회신이 온다.

이런 쌍방향 소통은 행정가들에게 있어서 굉장한 자질이라고 본다. 행정과 주민이 긴밀한 관계 속에 있다는 느낌을 주기 때문이다.

사람들은 자신과 관계가 있는 일이라고 해야 관심을 갖는다. 부산-경남 통합은 나와 관계없다고 생각하다가도, "그래야 우리가 맑은 물을 얻을 수 있다"고 하면 눈이 번쩍 뜬다. 그렇게 시민에게 당장 도움이 되는 것 위주로 접근해야 한다.

재정 확충을 해야 하는 것은 말할 것도 없지만, 한정된 재정이라고 해도 합리적인 배분을 통해 주민들에게 당장 필요한 것을 해줄 수 있어야 한다. 섬세한 행정을 통해 실생활에 밀착된 것을 가장 잘 해주는 행정이었으면 한다.

한국여성소비자연합 부산지회

연혁
- 1964. (사)대한주부클럽연합회 설립
- 1974. 1. (사)대한주부클럽연합회 부산소비자센터 설립
- 2014. 1. 23. 부산여성소비자연합으로 명칭 개정
- 2018. 10. 11. 한국여성소비자연합 부산지회로 명칭 개정

1등 마케팅 플랫폼인 마이스,
앞으로 더 많은 지원과 성장 기대

홍성권 리드케이훼어스 회장

마이스 산업은 진화하고 있다. 마이스(MICE)란 Meetings(회의), Incentives(인센티브), Conventions(컨벤션), Exhibitions/Events(전시/이벤트)의 약자로, 비즈니스와 관련한 행사 및 관광을 의미한다. MICE 산업은 일반 레저 관광객보다 높은 소비 지출과 경제 유발 효과를 창출하며, 다양한 분야와의 융합을 이루고 있는 것으로 평가되고 있다. 예전의 전시 산업은 전시를 멋지게 열어서 불특정 다수가 만나 생산자와 고객이 서로 찾는 거였는데, 요새는 실질적 거래 미팅이 사전에 기획되는 일이 늘어나고 있다.

마이스는 사실상 국가산업이다. 해외 예를 들어 보면, 유럽, 중국, 일본 등 국가에서 마이스를 상위 산업으로 판단하여 국가 차원에서 많은 지원을 한다. 미국 같은 경우는 부침이 많이 있었다. CES(국제전자제품 박람회)처럼 지금까지도 성공적으로 진행되는 것도 있지만, 이것 역시 아이템을 바꾸고 한국업체들이 참가하면서 커지게 된 것이다.

한국에서는 점점 상황이 나아지고 있긴 하지만, 여전히 인식과 지원이 태부족이다. 사실 마이스 산업이라면 일반인들은 그게 무슨 소리냐 할 정도다. 국내에 전시장이 많은데도 잘 모른다. 해당 분야 업자들이 겨우 관심을 갖는 정도다. 하지만 일단 가본 사람은 흥미를 느끼고, 우리도 이런 것 만들어보자 하는 목소리를 내는 것 같다.

요즘 같은 글로벌 시대에 산업 전시를 한다는 것은 지역사회 차원을 넘어 국가를 홍보하는 마케팅 전략을 펼치는 것이다. 특히 타겟 고객이 주로 외국인 큰 산업 관련일 때는 더욱 그렇다.

대표적인 예가 부산 코마린(KORMARINE, 국제조선 및 해양산업전)이다. 40개국 이상의 국가에서 900개 이상의 업체가 참여하는 이 전시회의 거래 규모는 한 회에 수백억 원에 달한다. 우리 리드케이훼어스도 코마린 전시를 계속 진행해왔지만, 개인 사업자 차원에서 할 수 있는 규모를 넘어선다. 정부 지원이 있긴 하지만, 워낙 산업의 규모가 크다.

아무리 우리나라가 조선 강국이라고 해도 위치적으로 세계 경제의 중심지는 아니기 때문에, 국제 규모의 전시를 하려면 그만큼 더 고객 유치의 노력이 필요한 시점이다. 실제로 전시회를 발전시키고, 우리 경제에 확실히 기여할 수 있는 기회로 만들려면 전 세계의 바이어들이 한국에 들어와서 편안하게 머물면서, 한국 업체의 물건을 보고 사갈 수 있게 해야 한다. 그럼 지금까지 잘 알려지지 않았던 중소기업도 눈에 띄게 되어 더욱 활성화될 가능성이 높아질 뿐 아니라, 앞서 말했듯이 관련 서비스 산업들도 활성화된다.

　지정학적으로 볼 때, 한국이 국제 수준의 전시회를 성공적으로 해내기 위해서는 국가 차원에서 부단한 투자 노력이 필요하다. 한국은 최근 세계적으로 '핫'한 교역 아이템으로 떠오르고 있는 조선업, 의료기기, 로봇 등에서 여러 모로 강점을 갖고 있지만, 유라시아 대륙의 동쪽 끝에 위치해 있고, 옆으로는 거대한 태평양을 두고 있는 지정학적 위치 때문에 세계의 고객들을 물리적으로 끌어 모으는 데 어려움이 있다. 국가 자원에서도 예산은 있지만, 일단 총액 규모가 워낙 막대한 수준인데다 예산 배분의 기준도 현실과 동떨어진 경우가 있다. 현실적으로 지방 도시에서 대형전시회가 열리기 어려울 수밖에 없는 상황이다. 마이스 산업이 발전하려면 국가 차원에서 더 많이 고민해서, 가능성이 큰 미래형 전시회를 엄선, 적극적으로 지원해야할 것이다.

　한국의 산업이 시대 상황에 맞추어 급속도로 발전하면서 전 세계의 관심을 끌고 있다. 그에 따라 홍보의 필요성도 커져 전시회가 우후죽순처럼 등장하고 있다. 전시회의 득과 실을 그저 단순 계산만으로는 따지기 어렵다. 마이스 산업은 말하자면 시장 개척 단계에 집중 투입되는 산업이므로 단기적인 성과를 산출하기 어려운 것이기 때문이다. 또한 다른 산업과는 달리 전시회는 그 사업 과정 자체에 들어가는 돈 이외에도 부대적인 로지스틱스에 엄청난 기반투자가 필요하다.

　물론 그만큼 경제활성화 효과도 크다. 아주 간단하게만 봐도 코엑스, 벡스코 등에서 전시회가 있을 때는 근처 음식점에 사람이 가득 차 있다. 호텔에는 방을 잡기가 힘들 정도다. 이렇게 전시-쇼핑-식사-숙박-기타 서비스 등 2차, 3차로 확대되어 가는 사업이지만, 그 모든 걸 통합해서 통계를 만드는 게 상당히 어렵다.

전시회에서 계약 이야기가 시작됐다 해도 실제로 계약으로 이어졌는지 확인하기 어려운 부분도 있다. 예를 들어 코마린 전시를 통해 좋은 비즈니스 관계를 맺었다 하더라도, 선주가 전시회 현장에서 바로 1조짜리 오더를 계약하는 일은 거의 없다. 여러 가지 경우가 있지만, 전시회는 말하자면 계약과정에 시동을 거는 역할을 하는 경우가 더 많다.

그러니까 전시회란 그 사업의 특성상 성과를 측정하기 어렵다. 세계적으로 유명한 전시회도 마찬가지다. 예를 들면 CES를 갔다 온 언론은 다 긍정적으로 기사를 써내리지만 내가 아는 한, CES 참여 업체 가운데 현장에서 바로 계약을 따가지고 돌아오는 사람은 없다.

리드케이훼어스는 부산에서 오랫동안 마이스 산업을 해왔다. 부산에는 벡스코라는 대규모 전시회 전용 시설이 있다. 동구는 원도심이어서 그 정도 공간이 나오기는 어렵겠지만, 규모는 작아도 전문적인 전시회 공간을 만들어서 특화하는 게 좋지 않을까 생각한다. 외국인이 많이 이용하는 제2여객터미널 같은 데를 활용하는 방법도 생각할 수 있다.

김진홍 동구청장께서 오픈 마인드의 실무형 행정가이신만큼, 김진홍 2기에는 그런 전시회 관련 부문에서 실질적인 발전도 있을 것으로 기대된다. 우리 업계에서는 "전시회는 1등 마케팅 플랫폼"이라는 말을 많이 한다. 김진홍 동구청장과 함께 하는 동구의 발전을 기대하면서, 그 발전의 악셀 역할을 해줄 마이스 산업의 발전도 함께 기대해본다.

리드케이훼어스

리드케이훼어스 유한회사는 글로벌 전시 주최사인 'RX(Reed Exhibitions)'와 국내 전시 전문 기업 '케이훼어스(주)'가 협력하여 설립한 합작법인이다. RX의 세계적인 네트워크와 풍부한 운영 노하우를 바탕으로, 한국 전시 산업의 발전과 국제화를 선도하고 있다.

현재 해양, 인테리어, 뷰티 산업 등 5개 분야의 전시회에 총 2,600개 참가업체가 5,500여 개 부스로 참가하고 있으며, 매년 27만여 명이 참관하고 있다. 대표 전시회인 코마린(KORMARINE)은 수도권 이외 지역에서 열리는 최대 규모의 글로벌 전시회로, 2007년 대한민국 전시대상을 수상하였으며, 그 공로를 인정받아 2010년에는 홍성권 대표이사가 국내 전시업체 대표로는 최초로 석탑산업훈장을 수상했다.

리드케이훼어스는 체계적이고 혁신적인 마케팅 및 세일즈 전략을 구현하기 위해 워크데이(Workday), 오라클 GBS, 세일즈포스(Salesforce), 파워BI(Power BI) 등 다양한 글로벌 최첨단 도구를 업무에 적극 연동하고 있다. 이를 통해 KPI를 효과적으로 도출하고 달성하고 있다.

또한, 업계 최고 수준의 복지를 제공함으로써 사람 중심의 기업 문화를 실현하고 있다. 이러한 노력은 직원 만족도를 높이는 동시에, 기업의 지속 가능한 성장에도 크게 기여하고 있다.

코마린 현장, 사진제공 : 리드케이훼어스

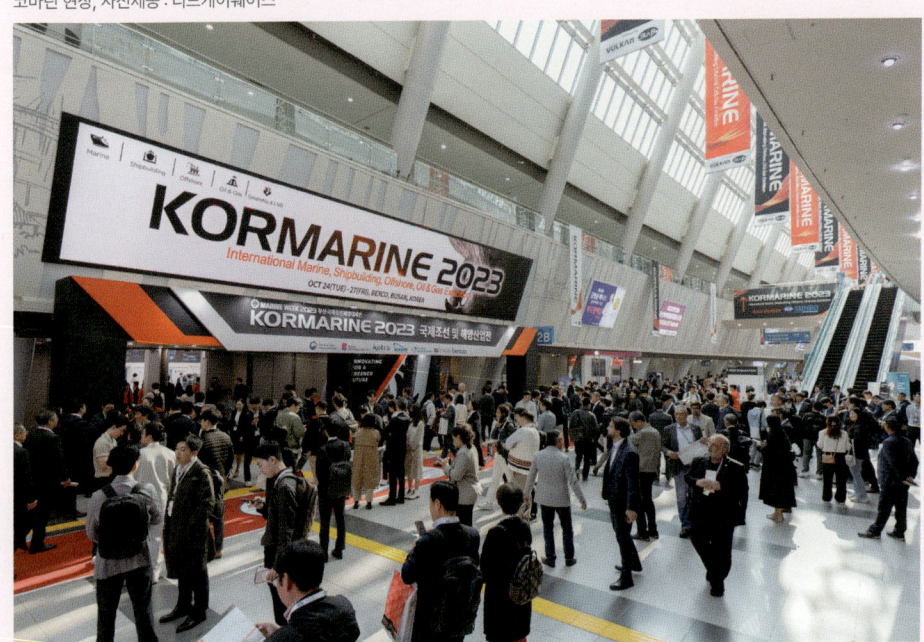

열린 마음과 겸손한 갖춘 미소의 리더십

배종찬 인사이트케이 연구소 소장

　김진홍 구청장을 볼 때면 1960년대 독일 아데나워 대통령 정부의 총리로서 라인강의 기적을 실질적으로 이끌었던 루드비히 에르하르트 총리가 떠오른다. 넉넉한 체형, 따뜻한 미소, '모두를 위한 번영(Wohlstand für Alle)'라는 슬로건으로, 굵직굵직한 경제개혁을 추진하여 비약적인 경제발전을 주도했던, 그러면서도 서민들을 위한 작은 복지까지 빠짐없이 챙겼던 것으로 알려진 인물이다. 김 구청장은 에르하르트 총리의 따뜻하고 푸근한 버전인 듯하다.

　김진홍 동구청장과는 사회생활을 하면서 사석에서 식사를 함께 할 기회가 있었다. 몇 번 안 되는 그와의 만남이 내게 깊은 인상으로 남아, 평소 그의 행보에 관심을 갖고 지켜봐왔다. 직업이 직업인지라, 정치평론가로서 나는 한국을 이끌어가는 지도자급 인사의 언행에 대해 예민한 수신장치 같은 것이 항상 발동된다. 한 번 만나도 의미 있는 사람에 대해서는 나도 모르게 깊은 관심을 가지게 되곤 한다.

　김진홍 구청장 역시 그런 경우였다. 그의 인상을 한 마디로 표현하자면, '맏이 감'이라고 할 수 있다. 우리 말에서 '맏이' '첫째'라고 하면 대체로 긍정적인 어감이 따라온다. 믿음직스러움, 따뜻함, 넓은 포용력, 강한 책임감 등이다. 김 구청장의 인상은 딱 '맏형님'이었다.

　그는 누구에게나 편안하게 다가가는 성품이었다. 그를 만나는 사람들은 대부분 그에게 상당히 친밀감을 느끼며 알게 모르게 그와의 관계에 젖어들 것이다. 나 역시 첫 만남부터 '경상도 사나이'로서의 인연 같은 느낌으로 강력한 결속감을 느끼게 되었다.

　여기에 더해 평소 김진홍이라는 사람에 대해 들어온 평판 역시 긍정적 작용을 했다. "일을 잘 한다"는 평가를 받으며 많은 사람들로부터 호감을 사는 모습이었다. 그가 동구청장으로서, 혹은 그 이전 시의원 시절부터 걸어온 행보가 대부분의 사람들에게 환영을 받고 있었다.

　그렇게 많은 사람들에게 호평을 받으며 친숙하게 다가오는 그의 리더십은 실제로는 요즘 세상에서 그렇게 흔히 발견되는 특성은 아니다. 그만큼 특별하고 유례를 찾아보기 쉽지 않은 것이다.

　그의 리더십 특성을 꼽으라면, 제일 먼저 '열려 있음'을 들 수 있을 것이다. 그는 상황에 안주하지 않고 끊임없이 자신의 지역을 돌아보는 동시에 다른 지역의 좋은 사례를 계속해서 공부하는 모습을 보인다. 거의 조사전문가 수준이다.

　내가 그동안 살아오면서 지켜본 바로는, 행정가에게 있어서 열린 마음으로 자신 지역의 실제 상황을 살피며 다른 곳의 상황을 배우고 실천하는 태도가 대단히 중요하다. 그런 행정가가 주도하는 지역은 거의 틀림없이 발전한다.

두 번째는 그렇게 많은 일을 하면서도 항상 겸손하다는 점이다. 나는 김 구청장을 다양한 자리에서, 여러 사람들과 함께 만났는데, 언제 누구와 만나더라도 그는 항상 상대방을 존중하는 태도를 기본으로 갖고 있었다.

사실 지방자치단체장으로서 일선에서 뛰다 보면, 그런 태도를 언제나 유지하는 게 쉬운 일은 아니다. 이런 저런 일로 행정사무도 복잡하고 발로 뛰어다닐 일도 많기 때문에 몸도 피곤하고 신경도 예민해지기 쉽다.

하지만 김 구청장은 언제 보아도 겸손과 배려의 리더십을 잃지 않았던 기억이다. 아무리 다양한 분야의 사람을 만나도, 처음 접하는 유형이나 직업을 가진 사람을 만날 때도, 항상 상대방의 상황을 바로 이해하며 배려하는 모습을 보였다. 본인도 지자체장으로서 바쁘고 위신도 있을 텐데, 그런 가운데서도 상대방에 대해 배려하며 마음을 써 주는 모습이 무척 인상 깊었다.

세 번째 특성은 '미소의 리더십'이라고 할 수 있다. 지도자가 항상 활짝 웃는 모습이면, 그 자체가 지역 주민들에게 편안함과 위로를 줄 수 있다. 사실 요즘 같이 진영 간에 나누어져 있는 정치 풍토와 정치 구도 속에서, 미소와 포용의 리더십을 보여주긴 쉽지 않은 일이다.

그런데 김 구청장은 항상 웃는 얼굴을 잃지 않는다. 그 미소가 상대방에게 주는 메시지는 '낙관'과 '긍정'이다. 그 미소를 보는 사람에게, 어떤 일이 생겨도 좋은 방향으로 갈 것 같고 좋은 의미를 남길 거라고 믿게 만드는 힘이 있다.

소문만복래(笑門萬福來), '웃는 집안에 만복이 온다'는 말이 있지만, 리더가 그렇게 항상 웃는 모습이니, 동구에 복이 모이지 않을 수 없다.

지난 3년간 동구가 지자체로서 많은 수상을 하고 생활환경에 있어서 상당한 발전적인 변화를 보인 데는 김 구청장의 이런 미소와 긍정의 리더십 역할이 상당히 컸을 거라고 나는 감히 단언한다.

김진홍 동구청장의 미소가 60년대 전쟁 이후 위축되고 힘들었던 동구민들에게 감싸 안아주는 듯한 느낌으로 안정감을 주었을 것이라 짐작해본다. 지도자는 웃어야 한다. 단호할 땐 단호하고 강직할 땐 강직해도, 일상적으로는 주변에 넉넉한 미소를 나누어 주는 모습을 가져야 한다.

이렇게 열려 있으며 포용력 크고 긍정적인 지도자를 만나면, 어느 집단, 어느 지역이나 그 잠재력을 활짝 펼칠 수 있게 될 가능성이 커진다. 행정가로서 김진홍 동구청장의 발걸음을 주목하게 되는 이유다.

배종찬 인사이트케이 연구소 소장

경력사항
· 연세대학교 정치외교학과(학사)
· 서울대학교 국제대학원(석사)
· 고려대학교 행정학과 박사과정(수료)
· 데이터분석전문 인사이트케이 연구소 소장
· 대한민국 육군 발전자문위원(홍보분야)
· 대한민국 합동참모본부 정책자문위원
· 前 리서치앤리서치 본부장(상무)
· 前 한길리서치&컨설팅 연구팀장
· 前 국가경영전략연구원 책임연구원(국제팀장)
· 前 전 한국교육개발원(KEDI) 전문연구원

2-2 | 지역민이 말하는 동구

역사를 잊지 않고 성장하는 젊은 동구 희망한다

한금조 광복회 부산중부연합회 회장

    부산 동구는 역사의 도시다. 경남 이남 지역에서 최초로 삼일만세운동이 일어났던 곳이며 수많은 애국자, 독립운동가들이 이곳에서 나왔다. 동구에만 항일 독립운동가가 28명 있었다. 동구의 위치 특성상 일본의 침탈을 가장 먼저 또 가장 많이 받은 곳이었다. 역사와 아픔이 있기 때문에 그 후손인 우리들 입장에선 지역적으로 애착이 많이 가는 곳이다.

    하지만 세월이 흐르면서 독립운동가 유족은 그에 합당한 대우를 받지못하고 있다. 선조들이 몸과 마음을 바쳐 독립운동을 한 이들이다. 나라를 위해 헌신하느라 가정을 돌보지 못한 이들이 태반이다. 자신과 가족만을 위한 이익 추구 활동 대신 나라를 위해 희생한 분들의 후손이기에, 어려운 생활을 이어가는 경우가 많다. 독립운동한 사람은 3대가 망한다는 말도 있듯 자식이고 재산이고 다 말살 당한 경우가 많다. 내가 동구 2군데 회장을 맡고 있지만, 후손들의 대다수가 다 산복도로 위의, 소위 '달동네'에 산다.

부산에 사는 독립운동가 유가족은 현재 수혜자만 540여 명 되는데, 수혜자는 여러 형제들을 뺀 1명만을 기준으로

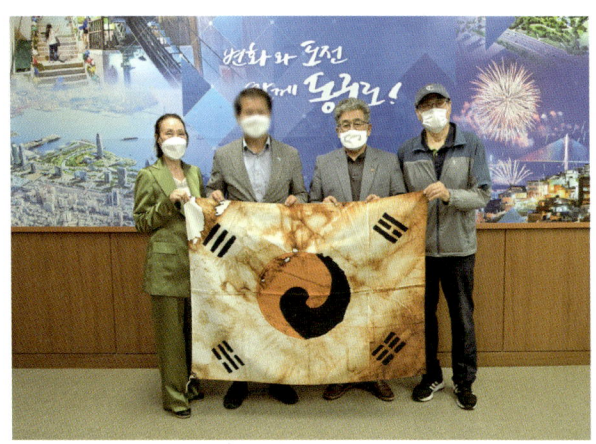

광복회 부산중부연합회 활동 모습

했을 때다. 더 슬픈 건 이조차도 인정받지 못하는 독립운동가들과 그 후손들이 많다는 사실이다. 독립운동을 하며, 부모, 처, 자식들만은 희생시키지 않으려고 이름을 가명으로 한 분들이 많기 때문이다. 이 분들은 흔적 자체가 없어 공식적인 인정을 못 받는다. 아무런 실질적 지원을 못 받는 사람도 많다. 이런 사람들이 추측으로는 20만여 명(해외 거주 포함)이나 된다.

우리나라에선 선조가 독립운동했음을 입증해야 하는 전수조사를 후손 본인들이 해야 하는 경우가 많다. 본인들이 조상의 공적을 찾아 신고해야 하는 입장이다. 그런데 이제는 세월이 오래 되어서 흔적을 찾지 못한다. 물증이 없으니까 유족들의 안타까움이 크다.

현재 광복회 회원은 독립운동가 1세대의 손자 세대들로 주로 구성되어 있다. 좀 있으면 이들 회원이 손자가 80-90대가 된다. 머지 않아 유족도 많이 세상을 떠날 것이다.

이들 역시 힘겨운 싸움을 이어가고 있다. 유공자 인정을 받는 이들은 극히 일부다. 아무리 평생을 독립운동에 힘을 다했더라도, 그 분이 1945년 8월 15일 이후에 돌아가시면 그의 손자는 수혜자로 인정을 안 해준다. 분명 문제가 있는 제도다. 그것도 직계 여러 형제 중 1명만 수혜자로 한다.

우리 광복회 역시 시간과 사투를 벌이고 있다. 광복회 동구의 수혜자는 작년 기준 5명 돌아가시고 10여명 남아 있다. 구청에서 보조금을 받지만 열악한 편이다. 회원을 위해 사적지 탐방이나 삼일절, 8·15 행사, 순국선열의 날, 4월 11일 임시정부수립일, 국치의날, 6월10일 만세운동여성기념일 등 일년에 6번 큰 행사를 하고 있다. 역사를 잊지 않기 위함이다. 나라 사랑의 숭고한 희생정신과 호국의 정신을 기리기 위해서다.

나는 이 동네, 부산 동구에서 45년을 살았다. 동구가 최근 몇 년 새 많이 발전한 것은 사실이다. 원래 산업화의 중심지이긴 했지만, 노후화가 이뤄지며 젊은이들이 일자

부산의 만세운동 시작은 3·11 부산진일신여학교 의거

국제신문 2025.3.11

11일 부산 동구청 앞 도로에서 '부산진일신여학교 독립만세운동 재현행사'가 열려 학생들이 태극기를 들고 대한독립 만세를 외치고 있다.
1919년 3월 11일 열린 '부산진일신여학교 의거'는 부산 지역 최초의 만세 운동으로, 열흘 앞서 시작된 3·1운동을 부산·경남 지역에 확산시킨 계기가 됐다는 평가를 받는다.

출처 : https://www.kookje.co.kr/news2011/asp/newsbody.asp?code=0900&key=20250312.22001003091

리가 없어서 떠나기 시작한 게 벌써 수십년 째인 듯하다. 동구가 '노인들의 동네'인 것이 티가 나는 게 바로 명절 때다. 평소 텅텅 비어 있던 골목이 자식들이 부모 보러 와서 주차난이 벌어진다.

우리 기성세대들의 희망은 동구가 재개발되어 성장함으로써 또 한 번 중심도시로 거듭났으면 하는 것이다. 북항개발이 완공되면 젊은이들이 돌아오지 않겠나 하는 희망이 있다. 젊은이들이 돌아와야 도시가 살아나는 것이니까. 나라 전체가 경제적으로 힘든데, 이럴 때일수록 민족이 단합해서 난국을 이겨내고 경제가 활성화되며, 젊은이들이 의욕과 희망을 가지고 일할 수 있는 일자리와 공간이 창출되길 바란다. 젊은이들의 미래가 술술 풀렸으면 한다.

우리 기성세대가 젊은이들에게 물려줄 산업적·경제적·정신적 유산이 무엇인가 깊이 고민하고 연구해야 한다. 인구 감소의 심각성이라는 문제를 풀어야 한다. 다행히 각 지자체장들이 힘을 모으고 있어 매우 희망적이다. 젊은이들의 꾸밈없는 미소를 소망한다.

특히 동구 발전을 위하여 발로 뛰는 김진홍 동구청장께 감사드린다. 취임했을 때부터 자신의 월급의 30%를 기부해오던 마음을 퇴직하는 날까지 이어가시리라 믿어 의심치 않는다. 늘 건강하시길 바란다.

환우들과 가족적인 분위기로
입원치료 및 완쾌를 돕겠다

김진구 새부산병원 원장

우리 병원은 지역거점병원으로서 정형외과/내과/영상의학과/도수치료실/종합검진센터 병상을 운영하고 있다. 특히 척추·관절 질환을 중점으로 치료하고 있다. 또한 건강한 노년을 위한 종합검진센터를 전문적으로 운영하여 숨어있는 질병을 발견하여 예방하고 있다.

우리 병원이 개원한 20여 년 전 이곳 동구에는 항만 부두에 근무하시는 분들이 많았고, 경제적인 여유도 있었던 동네였다. 지금도 그렇지만 교통도 매우 편리해 유동인구가 많았다. 동구 초량동에 병원이 자리잡게 된 이유는 먼저 지하철 1호선으로 부산역을 관문으로 하는 교통의 요지이고, 초량천을 중심으로 한 상가, 전통 시장 등, 유동인구가 많은 요충지이고, 인구학적으로 초량1동에서 6동까지 인구밀집지역이기 때문이었다.

25년전에는 부산역 방향 임대 건물에서 개원을 했는데, 초량 쪽에서 지하도를 건너서 오시는 분들이 불편하시다고 하여, 초량시장 쪽으로 이사를 하여 방문 편의성을 제공하게 되었다. 우리 동구는 특히 두리발(장애인이동차량) 운영이 활성화되어 있어 큰 도로보다 오히려 이면 도로가 주차하기가 편리하고, 국토관리청이라는 큰 관청이 병원 앞에 있어 병원 안내하거나 찾기가 용이하다는 장점이 있다.

　병원을 운영하면서 특별한 애로사항은 없는데, 다만 동네분들이 많이 이용하시다 보니, 말투나 언어가 친한 이웃처럼 여과 없이 하시는 경우가 많다. 새로온 의료진이나 직원들이 이런 상황에서 조금 놀라기도 하는데, 시간이 지나고 익숙해지면 이웃사

사진제공 : 새부산병원

촌 가족처럼 느껴져 더 좋은 것 같다.

우리 동구는 구청에서 지원하는 "긴급지원"이라는 복지제도가 있는데, 구청직원분들의 발빠른 업무처리로 인하여 정말 수술이 필요한때, 경제사정이 어려운 기초수급자분들에게 큰 도움이 되는 것으로 알고 있다. 의료인으로서 정말 감사하게 생각하는 부분이다.

정형외과의 특성상 부러지고, 찢어진 곳을 이어주고, 꿰매는 치료를 해야 하는데, 급하시거나 위험할 때 신속한 치료를 필요로 할 때 동구에 계시는 환자분이나 보호자분들께서 가까운 곳에 치료가 잘되고 편한 병원이 있어 좋다고 하실 때 보람을 느낀다.

우리 병원에서 운영하는 내과 건강종합검진을 이용하시는 분들께서 큰 병을 초기에 발견하여 치료를 잘 받아 회복이 되었다는 인사를 종종 들으면서 건강검진의 중요성을 느끼게 된다.

5~10년 후에는 부산 동구는 물론 우리 사회가 전반적으로 초고령사회를 넘어 인구의 40%이상이 노인인구가 될 것으로 여러 통계가 말하고 있다. 우리 병원은 앞으로 한방, 가정의학과를 개설하여 지역주민들에게 부담 없는 의료비용으로 건강 100세를 준비 할 수 있도록 의료 서비스를 확대해 나아가고자 계획하고 있다.

이러한 의료서비스는 병원의 노력만으로는 부족하고, 행정적인 지원과, 노인들의 의료기관 접근성을 편리하게 하기 위한 다양한 제도, 또 긴급지원 같은 좋은 제도의 대상을 확대하는 움직임과 더불어 이뤄질 수 있다. 또 치료항목도 변화가 필요하다고 생각한다. 지역주민의 건강과 치료는 행정, 병원 모두가 함께 거버넌스를 통하여 준비하고 해결방안을 찾아야 한다고 본다.

　우리 병원은 의원급에서는 다루기 힘든 부분까지 의료서비스를 제공해야하는 병원으로, C·T, MRI(영상의학), 혈액, 소변검사(병리), 물리치료,감압/도수 치료를 통해 재활치료 등을 정확한 진단을 하여 치료를 하고 있다.

　그럼에도 1차병원보다 방문대기 시간이 많지 않으면서, 의료진 상담 시간도 더 많이 제공하고 환우분들과 가족적인 분위기로 입원치료 및 완쾌를 돕는다는 강점이 있다. 앞으로도 동구의 무궁한 발전과 구민들의 건강한 삶을 기원한다.

김진구 새부산병원 원장

· 밀양고등학교 졸업
· 경북대학교 수련의
· 동아대학교병원 정형외과 전문의
· 구포성심병원 정형외과 과장 재직
· 동아대학교 의학박사 취득
· 한국철도공사 철도의
· KNN주치의

아이들 웃음소리가 끊이지 않는 곳에 미래가 있다

정정숙 동구어린이집연합회 회장

　우리 동구어린이집연합회는 지역사회와 어린이집과의 선순환적 연계를 위해 노력한다. 이러한 노력의 결과물인 영유아 및 가족들을 위해 준비한 다채로운 행사와 프로그램들이 각 가정에 바로 전달되어 지역주민들의 만족도와 높은 관심과 참여로 이어지고 있다.

　동구어린이집연합회는 운동회, 영화 관람, 문화탐방 등 꾸준한 행사 개최로 어린이, 학부모, 교직원의 유대 강화에 기여하고 있으며, 영화 관람, 힐링 프로그램 등 정서적 안정과 재충전의 시간을 제공함으로써, 교직원 복지 향상을 위해 노력하고 있다. 또한 문화탐방, 연수 등을 통해서 원장의 전문성 및 리더십을 제고하는 역량 강화 프로그램을 운영하고, 폭넓은 의견 수렴 및 공동활동을 통해 다양한 유형의 어린이집 간 연대를 형성하는 활동을 하고 있다.

동구청에서는 '아이 키우기 좋은 도시 부산'을 중심으로 어린이를 위한 지원 정책을 펼치고 있는데, 일선에서 아이들을 만나는 우리 동구어린이집연합회와 같은 곳의 의견에 진지하게 귀를 기울이시는 편이다. 김진홍 구청장 뿐만 아니라 구청의 직원들께서도 다방면의 의견을 참조하여 아이 키우기 좋은 동구를 위한 프로그램을 다각도로 추진해 오고 있다.

　우리 동구의 아이들을 위해 어린이복합문화공간 들락날락, 꿈자람 놀이터 등 현실적인 장치를 많이 만들어 주시고, 그 공간에서 사용되는 비품 등을 위한 지원도 아끼지 않으신다. 아이들을 위한 행사 예산지원도 넉넉한 편이며, 교사와 원장의 복지까지도 챙겨 주신다.

　동구는 최근까지 아동 인구가 급격히 감소했던 곳이다. 2020년 정도부터 아파트가 많이 생겼는데, 그 이후 아이가 그래도 좀 늘어나는 추세다. 이런 시기에 김진홍 구청장이 여러 기획을 많이 해주셨다. 김진홍 구청장은 늘 "아이들 웃음소리가 끊이지 않게끔 해야 한다"고 말씀하시는데, 아닌 게 아니라 김진홍 구청장이 오고부터 동구에 아이들 웃음소리가 확실히 늘어나고 있는 것 같다.

　우리 동구어린이집연합회에 대해서는 역대 청장님들이 모두 신경을 많이 써 주셨다. 어느 구청장이 오시더라도 우리가 하고자 하는 부분과 관련해서 전폭적인 지원을 해주시고, 불합리하게 예산을 삭감한다거나 하는 일이 없었다.

　하지만 이번 김진홍 구청장의 아동 복지에 대한 관심은 역대급이라고 할 수 있다. 놀이공간과 학습공간도 많이 조성해주시고, 동구청 광장에서 물놀이 등 주말 체험도 많이 만들어준다. 구청에서 우리 어린이집연합회를 통해서도 많은 지원을 해주지만,

부산 동구어린이집연합회 활동

동구청 자체적으로도 프로그램을 많이 운영하고 있다. 연합회 활동을 위한 예산 말고도 교직원 처우 개선 비용, 환경 개선 비용, 급식비 등 여러 방면으로 도와주신다. 더 바랄 게 없다고 말할 수 있을 정도다.

 그런 면에서 김진홍 구청장은 훌륭하다. 물론 다른 부분에 대해서도 그에 대한 칭찬을 많이 듣는다. 어딜 가도 구청장에 대한 좋은 소리, 잘 했다 소리뿐이다. 그만큼 그가 매일매일 하는 일이 정말 많을 것이다. 매사에 열정적이고 어떤 일이든 세심히 배려하는 김진홍 구청장, 그를 좋아하지 않는 사람이 없을 정도다.

나도 이 일을 워낙 오랫동안 하고 있다 보니, 김진홍 구청장과는 시의원 시절부터 인연이 있었다. 동구 현안을 참 많이 알고 계시는 분이다. 어린이집 관련 상황도 훤히 꿰고 계시는데, 하나하나 세밀하게 물어보시고, 많은 케어를 해 주신다. 앞으로도 우리 동구 주민들을 위해 따뜻한 관심과 지원 이어가주시길 바란다. 늘 응원하는 마음으로 지켜보고 있다.

동구어린이집연합회

2005년 정정숙 회장을 중심으로 발족한 부산시 동구 어린이집연합회는 민간어린이집, 가정어린이집, 법인어린이집, 직장어린이집, 국공립어린이집 이렇게 총 5개 분과로 구성되어 있다.
동구 어린이집연합회는 ▲20년간 지속된 공동체 행사 운영, ▲교직원 복지 향상 노력, ▲원장 역량 강화 프로그램 운영, ▲다양한 유형의 어린이집 간 연대 형성 등 다양하고 깊이 있는 활동으로 지역사회와 어린이집과의 동반 성장을 이뤄가고 있다.

섬세하고 진솔한,
구민을 위한 참된 일꾼

오미라 동구여성단체협의회 회장

　동구는 부산의 원도심이자 오랜 역사를 간직하고 있는 지역이지만 변화와 혁신이 절실히 요구되는 곳으로 김진홍 구청장은 이러한 지역적 특수성과 주민들의 다양한 요구에 귀 기울이며, 미래 지향적인 하버시티 동구로 도약하기 위해 여러 방면에서 적극적인 노력을 기울여 왔다.

　내가 아는 김진홍 구청장은 '섬세하고 진솔한, 구민을 위한 참된 일꾼'이다. 구청장에 대한 구민의 신뢰는 참으로 크다. 그 신뢰는 그냥 단편적인 경험에서 온 것이 아니라, 구청장께서 지금껏 보인 행보를 통해 차근차근 쌓아온 것이다. 그래서 그에 대한 부정적인 평가를 들어본 적이 없다.

　그는 모든 일을 섬세하고 디테일하게 챙겨 보시고 해결해 주신다. 영유아 어린이집에서부터 노인 경로당에 이르기까지 아주 사소한 민원이라도 몸소 챙긴다.

동구여성단체협의회 활동

    나는 동구에서 봉사활동을 45년간 하면서 동구새마을부녀회장과 동구무료급식소 소장까지 해왔다. 그러면서 김진홍 구청장을 여러 차례 만날 기회가 있었다. 처음 뵈었을 때부터 남달랐다.

    시원시원하고 다른 직원들과 소탈하게 지내시는 것이 인상적이었다. 구청장이 되시더니 든든한 리더십으로 직원들과 최선의 노력을 다한 결과 눈부신 성과를 나타내어 역대 구청장들보다 값진 큰 상을 많이 받았다.

    요즘은 동구가 새롭게 태어나고 있다는 것을 피부로 느낀다. 북항 재개발 사업이 본격적으로 추진되어, 친수공원과 도로가 생기고, 다양한 문화시설이 들어오면서 우리 동네가 점점 활기를 되찾고 있다. 동구민의 오랜 숙원사업이었던 '부산진성 일원 건축

규제'가 51년만에 완화되었고, '우리동네 ESG센터' 건립 운영으로 일자리도 창출되었으며, 나이 많은 어르신들이 소외되지 않고 품위 있게 살아갈 수 있도록 어르신 품위 유지비를 인상해 주셨다. 그 무엇보다도 어린이와 부모들이 함께 복지와 문화시설을 느낄 수 있도록 '이바구복합문화체육센터' 건립과 어린이복합문화공간인 '들락날락 도서관' 확충, '공공형 실내놀이터' 조성, '아이돌봄 제공기관' 운영으로 세대별로 맞춤형 사업도 꾸준히 세심하게 챙기고 있다. 구청장의 따뜻한 행정에 남녀노소 불문하고 모든 사람들이 감동을 받고 있으며, 이 모든 변화는 구청장이 밤낮 없이 노력하여 얻은 결과다. 한 사람의 리더가 얼마나 큰 변화를 가져오는지, 그 결과를 보여주는 것이다.

 나는 원래 칭찬을 하기보다는 바른 소리를 잘하는 사람이다. 높은 사람 앞에서도 할 말 다하고, 이전 구청장들에게도 행정의 문제를 비판하고 지적하는 일이 많았다. 동구 무료급식소 소장일을 할 때 어르신들이 항상 이용하시는데, 김진홍 구청장께서 자주 들르셨다. 행정하시는 높은 분들도 한번씩 들리기는 했지만, 우리 구청장께선 어르신들에게 정말 가식이 없이 진심으로 대하시는게 보였다.

 주민들의 목소리에 귀 기울이고, 늘 소통하려 애썼으며, 동네 행사나 모임에 빠짐없이 참석하여 주민들의 이야기를 진심으로 들어주고 해결해 주는 모습을 보면서 '진정한 우리 동네 일꾼'이라는 생각이 들었다.

 김 구청장은 성격이 섬세하신 면이 있어서 우리 여성단체협의회 일도 디테일하게 챙겨 주신다. 우리 동구여성단체협의회는 하버시티 동구의 새로운 도약과 여성이 행복한 도시를 만들기 위해서 16개 여성단체를 통해 경제, 사회, 복지, 환경, 문화 등 다양한 영역에서 활동하고 있다. 양성평등 실현과 함께 따뜻하고 행복한 지역사회 만들기에 노력하고 있다. 김 구청장께서도 우리 여성단체협의회의 가치를 높이 평가하고 든든한 지원군 역할을 해주신다.

 평소 마라톤도 하시고, 운동도 참 좋아하시는 분이지만, 지금은 구정업무가 워낙 많다 보니, 개인적으로 시간을 내지 못하시는 것 같다. 이른 아침부터 밤 늦게까지 일을 하시니 그럴 수밖에 없을 것 같다. 나는 구청장께서 좀 더 신경 써 주셨으면 하고 바라는 부분은 더 이상 없다. 예산이 많지 않은 가운데서 그렇게 탁월한 성과를 나타내는 것을 보고 오히려 감탄스러울 따름이다. 예산이 많으면 더 큰 일을 많이 하실 분이라 생각한다. 앞으로도 진정성과 섬세한 배려로 우리 곁에서 한결같이 뛰어주시기를 바란다.

동구여성단체협의회

동구여성단체협의회는 여성의 권익증진과 성평등 사회 실현을 목표로 지역사회 발전과 여성단체 활성화를 위하여 구성되었다.
1991년 제1대 정복매 회장이 13개 단체 1196명을 구성하여 활동을 시작하였으며, 2014년 제2대 서옥선 회장을 거쳐 2018년 제3대 오미라 회장이 2025년 현재까지 16개 단체 1,395명으로 다양한 활동을 추진하고 있다.
여성단체협의회 회원들의 품격향상 리더십 교육, 디지털 성범죄, 데이트 폭력, 스토킹 범죄 예방 캠페인, 다문화가족과 함께하는 추석맞이 명절음식 만들기, 일·생활 균형 워라벨 향상 캠페인, 양성평등주간기념 행사 추진, 저출생 극복을 위한 아이사랑 캠페인, 여성단체협의회 회원들의 친목과 경쟁력 강화를 위한 선진지 견학 등을 추진해오고 있다.

동구는 작은 지구촌,
다문화세대에 관심을

이대경 **YMIS청소년다문화국제봉사단** 대표

YMIS청소년다문화국제봉사단은 2014년 설립되어 부산지역 다문화 가정을 중점 대상으로 청소년의 인성과 창의성 및 사회 배려심 육성을 지원하기 위한 봉사활동을 하고 있다.

통상적으로 외국인의 수가 총 인구 5%를 넘으면 다문화 사회로 진입한 것으로 본다. 이런 점에서 부산도 이제 더 이상 다문화 구성원들을 이방인으로 바라봐서는 안 되는 사회의 단계로 들어서고 있다. 하지만 아직까지 청소년 간 교류의 기회가 많이 부족하다.

YMIS에서는 밀착 48시간이란 프로그램으로 한국 청소년과 다문화 청소년과의 교류를 통해 한국 가정집에서 함께 파자마를 입고 밀착해보는 시간을 가져보는 프로그램을 12년간 지속해오고 있다. 아직까지 사회 전반적으로 공감대가 많이 형성된 것은 아니지만 크고 작은 변화들은 눈에 띄고 있다. 지자체도 부서별로 많은 일을 하는 것으로 알고 있다.

동구는 다른 지역에 비해 미래 세대보다 노년 세대가 많다. 하지만 국제여객터미널, 각국 나라 영사관, 텍사스 거리, 상하이 거리, 중국화교학교, 부산다문화국제학교 등 작은 지구촌이 형성되어 있는 곳이라고 말할 수 있다.

이런 관계 속에서 우리와 공존하는 외국청소년 및 다문화청소년들이 편안하게 교류할 수 있는 청소년 놀이마당이나 놀이터가 절실하게 요청된다. 인근 일반학교에서는 운동장이 있어도 주민들의 민원소리에 민감해 운동장 대여를 엄두도 내지 못하고 있다. 부산광역시와 동구가 협업하여 글로벌 미래세대가 함께 한국 문화놀이를 즐길 수 있는 기점이 동구에서 시작되었으면 하고 소망한다.

현재까지 YMIS의 주요활동은 환경정화 행사, 중증 지적 장애인 위문 봉사, YMIS 땅콩뉴스 기자단 활동, 각종 지자체 행사에서 YMIS 부스 운영(여권 없는 언어여행, 지구 환경살리기 운동, 새로운 주인을 찾아주는 플리마켓 등), 또래공부 멘토 & 멘티, 다문화 가정 농촌 일손 돕기, KOREAN 소울푸드 김치로 지구촌 잇기, 기타 지역사회와 함께 하는 다양한 활동이 있다.

YMIS청소년다문화국제봉사단

YMIS는 지금까지 다양한 상을 수상해왔고, 표창을 받기도 했다. 그 주요 내역을 소개한다.

주요활동
· 대한결핵청소년홍보기자단
· YMIS학부모 봉사단 다문화 학교 급식지원 봉사(5년)
· 일본인 학교 교류
· 2019년 전국자원봉사대회 은상(푸르덴셜)
· 2019년 교육기부 우수기관 선정(교육과학기술부)
· 2019년 여성가족부장관상 수상
· 2019년~2024년 세계시민축제
· 2024년 동구청장상
· 2024년 YMIS 청소년다문화국제봉사단 표창장(동구 국회의원 곽규택)
· 2024년 해양수산인재개발원 활동
· 2025년 교육과학기술부 우수기관지정/ 동아리 지정
· 2024년 부산세계자원봉사대회 참가(부산항국제컨벤션센터)

사진제공 : YMIS청소년다문화국제봉사단

다양한 삶을 꾸릴 수 있는 가능성이
청년과 도시가 공존하는 길

이유한 ㈜공공플랜/이바구마을 대표

'이바구 마을'은 창업 공간을 제공하는 전국 청년마을 39개 중 하나다. 단순한 관광지나 정부 주도의 청년마을과는 달리, 청년들이 스스로 자기의 아이디어대로 삶을 펼쳐가는 공간 만들기에 충실한 공간이다.

이바구 마을은 2021년 행정안전부 청년마을 만들기 사업으로 선정되었다. 청년단체인 공공플랜이 이 사업을 맡아 지방 인구소멸 대응책의 일환으로 지방 청년들의 삶을 자유롭게 디자인해서 구축해갈 수 있도록 지원하기 위해 뛰어들었다. 그 중심 지역 기반이 된 곳이 바로 이 곳, 부산 이바구 마을이었다.

이바구 마을은 빈집과 노인 마을이 많은 곳이다. 도시의 노후화와 청년층의 유출로 도시로서의 생명을 잃어가고 있던 지역이다. 하지만 동구는 다른 지역에 비해서 시설이나 지형지물이 상대적으로 많이 보존되어 부산의 역사를 담고 있다. 그래서 타 지역 사람들에게 부산다움을 보여줄 수 있는 것이 강점이다.

　공공플랜은 빈집도 잘 활용하면 오히려 젊은 층을 유입시킬 수 있겠다는 발상의 전환을 했다. 도심지임에도 싼 집값이 청년층에게 기회가 될 수 있기 때문이다. 이런 공간을 재정비하여 청년들에게 창업 공간으로 제공한다면, 지역도 살고 청년도 살 수 있는 일석이조 플랜이 될 수 있다는 아이디어에서 시작되었다. 청년들이 지역에서 꿈을 이룰 수 있게 지원해주며 인프라도 만들어주는 것이 사업의 핵심이다.

　도시에서 청년의 위치는 대단히 중요하다. 청년이 도시에 정착하여 일자리를 찾고 지역사회에서 일을 해야, 그 도시가 발전할 뿐 아니라 지속가능해진다. 그런데 최근

이바구 마을을 찾은 김진홍 구청장

에는 청년들이 어렵게 대학을 졸업해도 과거처럼 안정된 기업에 취업을 할 가능성이 많이 줄어들고 있다. 그래서 청년들이 도시를 떠나는 것이다.

그런데 이는 어떻게 보면, 삶의 길을 너무 단순하게 보는 데서 오는 결과이기도 하다. 왜 모든 사람들이 천편일률적으로 대학을 나오면 되도록 큰 기업에 취직해서 직장을 다녀야만 하는가? 격변의 시대, 좀 리스크가 있기는 해도, 자기 나름대로의 삶의 패턴을 찾아서 꾸려가는 것도 의미가 있지 않을까? 공공플랜 사업의 핵심은 다양한 삶을 꾸릴 수 있는 가능성을 보여주는 것이다.

이를 위해 이바구캠프, 게스트하우스 운영, 이바구 굿즈샵 운영, 플렌테리어 카페 운영, 주얼리 샵, 북카페, 팥 전문점, 퓨전 한식 술집, 피트니스 센터 등 지역의 인력을 활용하고 지역적 특성을 살릴 수 있는 다양한 사업을 펼치고 있다.

아직 여러가지 측면에서 부족하고 걸음마 단계이지만, 시간은 우리 편이다. 젊음으로 도시를 물들여가게 될 것이다. 장기적으로는 창업공간 뿐만 아니라 주거공간까지 확장하려 하고 있다. 청년 인력의 유출을 방지하기 위해서는 일자리, 일거리, 창업공간이 갖추어져야 하지만 주거까지 보장된다면 금상첨화일 것이다.

이바구 마을 공공플랜

공공플랜은 2019년 설립된 기업으로, 공공미술, 공간사업, 지역기반 생산품 판매 및 유통 등 지역정체성과 공공성을 살리기 위한 다양한 사업을 펼치고 있다.

이바구 마을은 2021년 행정안전부 청년마을 만들기 사업으로 선정되어 현재 이바구 마을 핵심 컨트롤 센터인 이바구벤처캠프가 2019년 완공되었다.

여기에 2020년부터 청년 관련 사업의 기획이 더해졌다. 청년마을 '이바구마을'을 운영하는 공공플랜이 본격적인 활동을 시작하면서, 2022년부터 본격 사업을 시작했다. 사업은 시기별로 3세대로 나뉜다. 1세대는 공공플랜, 이바구캠프 등이 있다. 2세대는 명란의 역사를 컨셉으로 두고 창업한 이바굿즈, 로컬행사를 담당하는 하람플랜이 있다. 2024년부터 유입된 3세대는 플랜테리어 카페인 피피비, 쥬얼리샵인 메종 랑오르, 독립서점카페 야우출책, 돼지팥빙수로 유명한 키노앙, 부각 전문점 해피해조, 퓨전 한식 술집 어부, 라이더와 러너들을 위한 공간 R&R(라이드앤런), 액막이 명태를 모티브로 한 럭키피쉬 등이 있다.

부산 동구 초량 이바구길 일원, 지역 청년 창업·주거 지원 공간 '탈바꿈'

전국매일신문 2025.3.4

부산 동구 초량 이바구길 일원에 청년 창업·주거특화시설이 개소한다.

부산시는 도시 지역특화 창업 거점시설인 도심형 청년 창업·주거 복합공간 '부산 창업가꿈' 제5호점이 26일 개소했다고 밝혔다.

이번에 개소하는 '부산 창업가꿈' 5호점은 지난해 시와 동구청이 노후화한 모노레일을 철거하고 주민을 위한 이동 수단을 새로 마련하고, 이바구길 일대를 지역 청년들을 위한 창업 공간으로 탈바꿈하기 위해 추진한 사업이다.

이를 위해 부산 동구는 구역 내 폐가를 매입해 창업가들을 위한 공간으로 재구성했으며, 지역 청년 창업가 단체인 공공플랜과 협업해 각각의 공간을 청년 창업가들을 위해 개선해 왔다.

출처: https://www.jeonmae.co.kr/news/articleView.html?idxno=1124285

원도심의 노후화,
오히려 집값 경쟁력으로 장점 될 수 있어

김태규 아티스린넨 대표

원래 동구는 부산의 중심지로서 가장 번화한 곳이었다. 무엇보다 교통의 중심지라는 점이 사업하기에 큰 이점으로 꼽혔다. 원도심으로 전락했지만, 사업하기는 동구가 좋은 점이 사통발달의 교통이라는 점이다. 거제도, 제주도로 가는 배도 다 북항에서 뜨고, 고속도로 김해공항 다 연결되어 있는, 그야말로 물류 산업의 최적의 요건이었다.

우리 회사도 원래는 동구에 있었다. 우리 회사는 호텔에 섬유 관련 완제품을 납품하는 사업을 한다. 정해진 수급처가 있기 때문에 경기를 크게 타지 않는다는 장점이 있다. 코로나 때도, 지금도 매출 추이가 기복 없이 꾸준하다. 다만 인건비가 오르며 타격을 입는 게 좀 있었다. 현재 직원은 30명 정도인데, 오로지 한국 직원들로만 운영하고 있다. 사업 특성상 외국인 노동자를 쓰기 어려운 부분이 있다.

동구는 인적 물적 자원이 풍부해 사업을 하기 좋았다. 그러다 동구가 상업지로 발달함에 따라 땅 값이 비싸지고, 공장을 확장해야 하는데 자리도 없고, 그래서 준공업지역인 사상구로 옮기지 않을 수 없었다. 구 주민의 연령대가 높아짐에 따라서 인력 수급이 어려워졌던 측면도 있다.

비록 여러 현실적 조건들로 인해 사업장은 동구를 떠났지만, 여전히 동구에 살고 있다. 김진홍 구청장은 구청장으로 출마하시고 나서 알았다. 제가 동구에서 40년 정도 살면서, 많은 구청장을 겪었지만 솔직히 이런 구청장은 처음이었다. 무엇보다 말과 행동이 일치하기에, 깊은 신뢰가 간다.

또 실무 능력이 확실하다. 이건 같이 일해보면 안다. 예를 들어 초량수정지구 문화재보호구역 고도제한 해제 운동을 할 때, 부산시와 협상을 해야 하는 문제가 큰 관건이었다. 이 지역에 건물을 8미터 이상 못 올리니, 재개발에 한계가 있고, 발전이 될 수 없었다.

이런 문제는 주민들만의 힘으로는 해결되지 않는다. 김진홍 구청장께선 정말 성실하고 진지하게 주민의 편이 되어 힘을 보태주었고, 그 결과 2년 전에 고도제한을 12미터로 올릴 수 있었다. 그 정도면 환경 개선에 많은 도움이 되므로, 주민으로서 구청장께 큰 감사를 드리지 않을 수 없다.

어느 지역이든 간에 발전하려면 돈이 필요하다. 구청의 예산은 부산시에서 받아와야 하는데, 제한된 예산이라도 쓰기 나름이라고 생각한다. 그냥 받아서 아무 생각없이 돈을 나눠주는 선심성 행정복지보다는 실제로 동구의 환경을 개선하는 쪽에 좀 더 비중을 두어 주셨으면 한다. 주차장, 기타 기반 시설에 투자를 해야 동구의 기회가 전

관내 공폐가 현장 점검 중인 김진홍 구청장

체적으로 올라가고 그만큼 발전해서 복지도 챙길 수 있게 될 것이다.

우리 동구는 큰 변화 모퉁이에 서 있다. 북항 개발이라는 큰 숙제를 해결해야 한다. 또한 원도심으로서 많이 노후했으니 바뀌어야 할 부분도 많다.

생각의 전환이 필요한 때이다. 노후함이 장점이 될 수도 있다. 아직까지는 노인층이 많지만 젊은 층이 많이 들어올 수 있는 요인이 될 수도 있다. 부산시내에서 아파트 값이 가장 싸면서, 아이들 학교, 놀이터 등의 요건을 갖추고 있기 때문이다.

김 구청장께서는 이 모든 일을 잘 이끌어 주실 거라고 믿는다. 지난 3년 지켜보니, 이런 믿음은 확신이 되었다. 앞으로도 더 큰 걸음을 가실 줄로 믿고 나도 내 위치에서 도움이 되도록 노력할 것이다.

인심 후한 정 넘치는 동구,
적극적으로 출산 장려해야

류장춘 대림약국 사장

올해로 44년째 동구에 살면서 초량동에서 대림약국을 운영하고 있다. 제 고향은 경남 함안이다. 마산에서 중고등학교를 나온 후 부산으로 왔다. 부산은 제 2의 고향이 되었다. 군대도 공군으로 부산에서 다녔고, 제대 후 동구에 머물면서 제약회사에 취직해 직장에 다녔다. 대학 졸업 후 여기서 약국을 개업해서 일한 게 벌써 44년이다. 거의 부산 토박이라고 볼 수 있다.

동구는 살기 편한 곳이다. 교통도 편하고, 지리적으로 역사적으로 다른 곳과 비교할 수 없게 안정되어 있다. 인심도 후하고 쾌적하다. 그래서인지 한번 동구에 살던 사람은 아주 오래 산다.

약국 업계도 마찬가지다. 한 번 여기서 약국을 개업하면 거의 평생을 한다. 다른 지역에서는 약국 연령이 10년, 20년 하지만 나만 해도 한 자리에서 44년동안 약국을 했다.

다만, 최근 들어 우리 동구의 인구 소멸 상태를 걱정하기 시작했다. 여러가지 제한으로 인해 대규모 재개발이 되지 않았으니 젊은 사람이 빠져나갔다. 그래서 전체 인구 중 소아 비중이 적은 편이다. 지금 우리 약국의 주 고객도 10년 이내에 80% 이상이 바꼈다고 보면 된다. 노인정 회원이 50명인데, 그 중 80세를 넘은 사람이 80%다. 동구의 오래 된 단독 주택에는 노인들만 살고 있는데, 이들이 세상을 뜨면 집집마다 빈집이 될 것 같다.

아파트에 사는 친구들은 잘 못 느끼는 것 같은데, 이곳에선 일 년 내 다녀도 배 부른 사람을 보기 어렵다. 연산동 같은 곳에 가보니 길거리에 아이들이 많아서 부러웠다. 동구에선 한때 명문 부산고등학교 학생이 6500명이었지만 지금은 엄청나게 줄었고, 한때 한 학년 학생 수가 700명 정원이던 초량초등학교에 현재는 40명만 다닌다.

무엇보다 출산을 장려해야 한다. 아기 한 명 낳으면 100만원, 둘 낳으면 200만원, 셋 낳으면 300만원 주는 식으로 파격적인 출산 장려 지원책을 내놔야 한다. 거리에 데크를 깔고, 환경 개선하는 일 등은 보기엔 좋지만 다 소용없다. 사람이 안 다니면 아름다운 공간은 아무 의미 없다.

요즘 우리 약국 단골 고객은 할머니들 뿐이다. 오죽 답답하면 농담을 다 한다. "아지매, 애 하나 놓으시죠" 하면, 할머니도 내가 낳을 수 있음 낳겠다 하면서 웃고 만다. 인구 소멸, 정말 근본 대책이 있어야 한다. 젊은 사람들을 유인할 수 있는 방법을 최대로 활용해야 한다.

옛날에는 동구가 제일 발전된 곳이었다. 그 모습이 지금도 여전히 남아 있다. 부산

인근 주변이 다 논밭이었을 때에도 동구에는 높은 건물들이 많았다. 그런데 주변부가 개발되고 신도시로 성장하면서, 동구가 오히려 낙후 지역이 되어버리고 말았다. 여기서 돈 번 사람들도 그런 신도시로 다 떠났다. 부두에서 돈을 좀 벌면 다 금정구, 해운대, 남구 같은 데로 가버린다. 소득만 웬만하면 새 아파트를 분양 받을 수 있으니까, 번듯하게 살 수 있으니까 말이다. 새 집을, 새 도시를 마다할 사람이 누가 있을까.

그런데도 내게 왜 아직 동구에 남아있냐고 물으면, 그 답은 단순하다.

동구가 살기 좋았기 때문이다. 신도시 인심은 동구만 못하다. 나는 사람 사는 동네에 정이 없는 게 무엇보다 마음에 들지 않는다. 동구는 정이 많은 곳이고, 그래서 내가 정이 많이 든 곳이다. 이 아름답고 정이 많은 동구에서 계속 살아갈 것이다. 동구의 발전을 기원해본다.

2024년 4월 고령화된 부산시에서 청년들이 서로 즐기는 문화를 스스로 만들기 위해 미련한 부산C페스타 대관행사

골목경제 살아날 수 있는
현명한 해결책 찾길

이희숙 수정시장 콩나물비빔밥 사장

　부산 동구에 살면서 동구 수정시장에서 38년째 콩나물비빔밥 집을 하고 있다. 결혼 전인 20대 때부터 동구에서 쭈욱 살았다. 경북출신 부모님께서 동구에 터를 잡으셨기 때문이다. 동구는 무엇보다 인심이 좋다. 까칠한 사람이 없고 모두 친절하다.

　그래서인지, 우리 아들, 며느리, 손주들이 다 동구에 산다. 사실 동구가 오래된 도시라고 하지만 애들 키우기는 환경이 나쁘지 않다. 큰 병원도 많고 교육환경도, 공기도 너무 좋다. 나이 들어서도 차가 집 앞까지 다 다니고 지하철, 기차, 다 연결되어 있어 매우 편리하다.

　우리 식당을 찾는 손님들은 대체로 주변의 회사를 다니는 직장인 분들과 동네 주민들이다. 주변에 구청, 경찰서 등 관공서가 많고 부산일보 등 큰 회사가 있다보니 두루두루 많이 오신다. 또 시장에 자리한 터줏대감격 식당이어서 단체 손님도 많이 받는다. 김진홍 구청장께서도 우리집 단골이시다.

　김진홍 구청장은 오래 전, 시의원 하실 때부터 우리 집 고객이었다. 식사하러 오시는데 보니까, 사람 안 가리고 두루두루 좋아하시고 소박하고 정감이 있는 분 같았다.

　구청장이 되시고 나서는 일도 잘하신다고 소문이 자자했다. 좋은 데만 다니면서 대접받으려고 하시는 게 아니고, 이 집 저 집 다 다니시면서 다 잘 되도록 챙겨 주신다.

　지금도 워낙 잘 챙겨주고 있으시지만, 조금 더 바라는 점이 있다면 워낙 경기가 어렵다 보니, 더 두루두루 보살피셔서 지원해주시면 하는 바램이 있다. 사람들이 말은 다 안 해도 지금 너무 힘들다. 요즘 경기가 정말 안 좋다. 어느 정도냐면 코로나 때가 오히려 지금보다 좋았을 정도다. 코로나 시기 중간쯤에 정말 바닥을 쳤구나 싶었는데, 그게 지금까지 회복이 안 된다. 그래서 우리 식당 주변에 문 닫는 집이 많다.

　장사하는 입장에서는 사소한 일에서도 도움이 필요한 것이 많다. 예를 들면, 요즘 구청 구내식당을 찾아 식사를 하는 외부인들이 늘고 있다고 들었다. 구청 구내식당은 아무래도 임대료나 이런 부분에서 이점이 있기 때문에 가격경쟁력이 있을 수밖에 없다. 싼 가격에 좋은 음식을 제공하는 것을 뭐라 하고 싶진 않지만, 구청 주변에서 같은 손님들을 상대로 식당을 하는 입장에선 신경 쓰인다.

　사실 구청만 그런 게 아니다. 여러 관공서마다 구내식당이 있는데 직원이 먹는 거야 어쩔 수 없다 하더라도 누구나 가서 먹을 수 있게 해놓으니, 바깥 식당에 타격이 될 수밖에 없다. 뭔가 지역경제가 상생할 수 있는 현명한 해결책이 있었으면 좋겠다.

　나는 여기서 38년을 장사하면서 밥값도 안 올리고 버티고 있다. 누구든 점심 한끼라도 와서 편하게 먹고 가라는 마음이다. 장사를 하면서 거기서 더 이익을 줄여도 힘든 게 요즘 상황이다. 상생해야 하는 현실에서, 경제가 풀릴 때까지 만이라도 좀 더 디테일하게 신경 써줬으면 한다.

또 좁은 골목이라도 신경 써서 불도 좀 밝게 해주시면 좋겠다. 길이 밝아야 사람들이 온다. 어두운 골목은 위험해보이기도 하고 피해가게 된다. 큰 길에만 달아둔 CCTV도 작은 골목까지 배치할 수 있으면 좋겠다. 골목안 상점이나 주택에서 개인이 돈을 내서 달고 있는 실정이다.

김 구청장께서는 지금도 나무랄 데가 없는 분이다. 구청장께서도 사람 안 가리고 다 좋아하는 스타일이시지만, 사람들 중에서도 그를 싫어하는 사람이 없다. 그런 섬세한 지도력을 조금 더 우리 소상공인들을 위해 펼쳐 보여주시길 부탁드린다.

설명절에 찾은 수정시장

세대차이나 권위의식 없이
주민과 더불어
운동 즐기는 모습 인상적

동구 거주 학부모 김영민·권세진 부부

    나는 동구 토박이다. 동구에서 태어나고 자랐다. 군대 시절과 잠깐의 해운대구 거주 시기를 제외하고는 거의 40년 평생을 동구에서 살았다.

    어릴 때는 아무것도 몰라서, 동구는 그저 노후화되고 오래된 동네라고 생각했다. 자녀가 둘이 된 지금, 동구처럼 살기 좋은 곳이 또 있을까 싶을 정도다.

    중 2 딸과, 4살 아들 역시 나처럼 동구가 고향이다. 동구는 교육환경이 잘 되어 있어서 자녀를 키우기에 아주 좋다. 학원 등 제반 시설이 잘 되어 있고 오래된 역사의 학교도 있다. 교통환경도 안전하고, 도로 환경 역시 예전에 비해 많이 좋아졌다. 의료시설 이용 부분에 있어서도 어려움이 없다. 병원 인프라가 상당히 잘 갖춰져 있기 때문이다. 야간 소아진료가 어려운 편이기는 해도, 그건 부산만의 문제는 아닐테다.

    동구가 노후화되었다고 해도, 사실 동구에 살아오면서 가장 크게 느끼는 것은 주거

환경의 변화다. 주거문화 자체가 예전에 비해 매우 빠르게 현대화되고 있다. 새로 지어지는 아파트도 많고, 학교 건물도 새로 지어지고 있다. 체육관 등 생활체육 시설이나 주민 편의 시설 역시 많이 생겨났다. 그 밖에도 놀이터 기타 편의시설과 문화시설도 부족함 없다.

이런 이유 때문일까, 내가 알기론 부산광역시 16개 지역구·군 중 인구가 늘어나고 있는 곳은 동구 뿐이라는 얘기를 들은 적이 있다. 동구 내에서도 젊은 사람들은 주로 아파트에 많이 산다. 초량동 위쪽 산복도로 위는 노후화 됐지만, 아래쪽으로 신축 아파트들이 많이 들어섰다.

어떤 사람들은 부산의 인구 소멸을 걱정하는데, 내가 보기엔 동구는 전혀 걱정할 게 없고, 발전될 부분만 남았다고 본다. 나도 그렇지만, 나의 고향친구들도 대부분 이곳 동구에서 터를 잡고 살 수 있어서 행운이라고 생각한다. 앞으로도 내 고향, 부산 동구에 머물며 살아갈 예정이다.

2013년 취미활동으로 배드민턴을 하는 모임에 들어갔는데, 그때 배드민턴 동호회의 회장이 지금의 김진홍 구청장이셨다. 구청장 하시기 전의 일이다. 그때부터 인연이 시작됐다.

그는 때로는 아버지 같기도 하고 때로는 편한 친구 같기도 한 분이다. 유머 감각이 있으셔서, 함께 있으면 재미있다는 생각이 많이 들었다. 세대 차이나 권위의식을 느낀 적이 없다. 상대방을 편하게 만들면서도 카리스마 있는 모습이었다. 동호회 활동을 하면서도 항상 주민을 먼저 생각하시는 모습을 어렵지 않게 접할 수 있었는데, 그런 구청장을 우리 회원들은 항상 푸근하게 생각했다. 그리고 항상 존경했다.

일적인 부분에서 함께 해본 경험은 없지만, 운동하면서 인간적으로 깊은 유대관계를 맺어왔다. 구청장께선 체육을 좋아하시고 잘 하시는 스포츠맨이다. 때문에 주민들의 여가활동 중에서도 특히 운동에 관심이 많으셨다.

언젠가 주민 설명회에 구청장께서 직접 나서실 기회가 있었는데, 그때 개인적으로 깊은 감명을 받은 포인트가 있었다. 주민들 모여 앉은 강당에서 내내 서서 두시간 동안 열정적으로 설명하시는 걸 봤다. 속으로 '와, 어떻게 물 한 방울 안 마시고 저러시지' 싶었다.

그런 열정은 존경스럽지만, 한편 건강이 손상되지 않으실까 하는 우려도 생긴다. 운동과 식사 관리를 잘 하시니까 다행이지만, 이미 엄청나게 많은 일을 하고 계시고, 앞으로도 일이 줄어들지는 않을 테니까, 오로지 구청장님이 건강하셔서 오래오래 우리와 함께 해주셨으면 하는 바람이다.

어린이영어도서관에 현장방문 한 김진홍 구청장

제3장

도전형 인간, 김진홍

"내게 '도전'은 뭔가 특별한 것이 아니다.
기존의 것과 새로운 것 중 선택하라면
주저하지 않고 도전을 택해왔다."

3-1 | 어린 시절의 기억

어린 시절의 나는 특별할 것도 모자랄 것도 없는, 평범한 경상도 집안의 장남이었다. 사실 이런 글을 쓸 때면 가장 난처한 순간이 어린시절의 기억을 떠올리는 것이다. 어린시절의 기억을 "지우고 싶을 만큼" 고되거나 어두운 기억이어서가 아니다. 그저 잘 기억이 안 나기 때문이다.

일전에 이런 고민을 한 전기작가에게 토로한 적이 있다. 그때 그 작가가 말하길, 자기는 내가 왜 그런지 알 것 같다고 했다. 자기가 가만 보니 나는 예전의 일을 곱씹고 기억하기 보단 현재와 앞으로의 일에 집중하고, 오래된 기억은 금방 잊어버리는 것 같다는 것이었다.

그 말이 참 맞는 부분이 있다고 생각했다. 실제로 나는 지나간 일은 잘 생각하지 않는 편이다. 어떤 일로부터 교훈이나 성과를 얻었다면, 그 부분에 대해 바로바로 참작해 현재의 나, 현재의 상황을 바로잡는다. 그리곤 잊어버린다. 괴롭고 힘든 기억은 그대로 시간의 흐름에 흘려보낸다.

일부러 그렇게 하려 한 것은 아니었고, 그 시절을 살아 내다보니 자연스럽게 습득하게 된 것 같다. 현재를 중시하고 미래지향적인 지금의 나의 성격은 시대적 환경과 함께 만들어진 것이었다.

엄격하고 청렴했던 아버지와 강하고 따뜻했던 어머니

내가 태어났던 때는 당시 6.25전쟁 이후 우리나라가 전후 복구로 어려웠던 시기였다. 베이비부머 1세대라고 볼 수 있다. 본적은 김해군 진영읍 본산리지만 태어난 곳은 부산시 영도구 봉래시장 근처였다. 김해사람이었던 아버지와 창원사람이었던 어머니 슬하 오남매였다. 내가 아들로서는 첫째였고 위로 큰누나 한 명, 아래로 여동생 한 명과 남동생 둘이 있다.

아버지께선 올곧고 강직한 성품을 가진 분이었다. 참전용사 출신으로, 생계보다는 이념과 이상을 추구하셨던 분이었다. 당신께선 내가 기억하기로는 돈벌이와는 관계가 먼 신앙인이었다. 글을 읽고 생각하는 것을 좋아하셨지만, 생활력이 강한 편은 아니어서 가족의 생활에 큰 도움을 주진 못하셨다. 하지만 아버지의 교육열은 매우 높

사랑하는 나의 부모님

앉다. 아버지는 어려운 가정형편 속에서도 두 동생들(삼촌들)을 모두 연세대, 성균관대 법대에 보냈다.

이런 이유로 가족 부양은 전적으로 우리 어머니의 몫이었다. 생활력이 강했던 어머니께선 봉래시장 주변에서 이런 저런 장사를 하며 어린 우리 남매를 키워내셨다. 늘 따뜻하고 자상하셨지만, 늘 힘들게 일하셨다. 나는 자라면서 어머니께서 아침 일찍부터 밤 늦게까지 일하시는 모습을 봤다. 어린 나이였지만 '아버지가 우리 엄마를 고생 많이 시킨다' 생각했다.

그러다 보니 내게는 어머니에 대한 애착이 있다. 어릴 적 어머니는 갓난쟁이(갓난아기의 경상도 방언)인 나를 등에 업고 시장에 나가 장사를 하셨다고 한다. 그런 어머니께선 인화력과 친화력이 남달랐다.

송도중학교 재학 시절

아마 요즘 태어나셨더라면 사회적으로 한 자리 하셨을 것이다. 성격은 마치 장군처럼 호탕하고, 어딜 가도 붙임성이 있어 분위기를 주도하셨다. 사업수완도 있으신 데다가 덩치도 크셨다. 내가 잘 못 먹고 자랐지만 같은 세대에 비해 덩치가 큰 편인 것은 어머니를 닮았기 때문이리라. 아버지로부터는 청렴결백함을 배웠다면, 어머니로부터는 근면성실함을 배웠다.

우리 부모님을 한 마디로 표현하라면 '엄

부자모(嚴父慈母)', 엄한 아버지와 자애로운 어머니라고 할 수 있다. 아버지는 엄격하고 완고한 분이었다. 특별히 하는 일 없이 집에 계시던 아버지가 고함 한 번 지르면 온 식구들이 무서워 떨고 그랬다. 어머니는 그런 우릴 품는 역할이셨다. 항상 일하는 곳에 자식들을 데리고 가시고, 없는 살림에도 끼니를 잊지 않으셨다. 그런 두 분의 균형이, 지나고 보니 우리 형제들이 빗나가는 것 없이 잘 살아오도록 하는 밑거름이 되었던 것 같다.

고교시절

도시락 대신 물로 배 채우던 시절

누구나 힘들었을 시절이었지만, 우리 가족 역시 조금 어렵게 살았다. 부산 서구 남부민국민학교를 나왔는데, 그때 기성회비를 제때 못 내어서 등교하면 담임선생님으로부터 쫓겨 다니기도 했다. 매일같이 이런 일이 일어나다보니, 나중에는 학교에 나가기 싫어 아침에 눈물을 뚝뚝 흘리며 학교에 가기도 했다.

생활이 넉넉하지 않아서 평소에도 밥보다 죽을 더 많이 먹었다. 학교에 도시락 싸

고교시절 친구들과(가장 오른쪽이 김진홍)

가는 건 아예 꿈도 못 꿨다. 점심시간에 배고프면 수돗가에 가서 물로 허기를 채워야 했다. 당시엔 나와 비슷한 처지의 아이들이 몇 명 더 있어 수돗가에 가서 함께 물배를 채우기도 했다.

초등학교와 중학교는 부산 서구에서 나왔다. 초등학교 입학 전에 잠시 강원도 묵호(동해)에 살았던 기억이 있다. 그때까지 마땅한 일이 없으셨던 아버지께서 친구 따라 강남 간다고, 친구분을 따라 동해에서 오징어잡이배를 타신 것이다. 일본어로 오징어를 뜻하는 '이까'를 잡는다 해서 '이까잡이'를 하신 것이다.

동해 생활은 한 2년 정도, 내가 7살 때까지 계속되었다. 아버지는 오징어를 잡고, 어머니는 묵호항에 일거리를 찾으셨다. 묵호항에는 꽁치가 많이 들어왔는데, 배가 들어오면 아주머니들이 그물에 달라붙어서 꽁치를 떼어냈다.

가난하고 배고팠던 시절이지만, 그 와중에 즐거웠던 기억도 있다. 아직 어렸던 우리 형제는 엄마를 따라 옆에 있다가 엿장수가 오기만을 기다렸다. 엿장수 아저씨가 오시면 꽁치 몇 개를 몰래 들고 가서 엿을 바꿔먹곤 했다.

의사 꿈꿨지만 가정형편으로 일찍 포기

중학교는 부산에서 송도중학교를 나왔는데, 당시 상당히 모범적인 생활을 했던 기억이 난다. 공부도 나름 열심히 하고, 수업태도도 좋아 선생님들의 칭찬을 곧잘 듣곤 했다. 이때 나의 꿈은 의사였다. 하지만 집안 형편이 어려워서 지원을 전혀 받을 수 없었고, 나는 최대한 빨리 사회에 나가 돈을 벌어야겠다고 생각하게 되었다.

가정형편이 이러니 고등학교도 원하는 학교를 가지 못했다. 당시엔 고등학교에 들어갈 때에도 입시를 봐야 했다. 내가 원하던 좋은 고등학교 진학에 실패하자 나는 큰 맘을 먹고 재수를 준비했다. 이때는 고등학교 재수생도 드물지 않았다. 아예 서울로 올라가 삼촌과 자취생활을 하며 종로학원에서 재수를 했다. 그렇게 해서 서울의 명문 고등학교인 배문고등학교에 들어갈 수 있었다.

하지만 인생은 내 뜻대로 순탄하게 펼쳐지지만은 않았다. 진학을 희망했던 고려대 입시에 실패한 것이다. 그렇게 고등학교 시절의 타향살이를 접고 부산으로 향했다.

다소 씁쓸한 귀향길이었다.

그렇게 부산동아대학교에 들어가며 나는 다시 부산에 정착을 하게 되었다. 전공은 당시 막 태어난, 각광받던 신생학문인 관광경영학이었다. 학교를 다니며 빨리 사회에 나가 돈을 벌어 어머니를 도와야겠다고 생각했던 내게 딱 맞는 학문이기도 했다.

앞서도 말했지만, 나는 늘 미래를 준비하며 살아왔다. 대학생 때도 그랬다. 대학교 2학년 때 안정적인 장래를 위해서라면 자격증을 따야겠다는 생각이 들어 공인감정사(지금의 감정평가사) 자격시험을 준비했다. 4학년 1학기에 공인감정사 1차 시험에 합격했다. 이때만 해도 나의 앞날은 공인감정사로서 창창해보였다.

그러다 박정희 전 대통령 시해 사건인 10.26 사태가 터졌다. 호황기를 달리던 우리나라 경제가 갑자기 앞으로 고꾸라지듯 푹 꺼졌다. 10.26 사태 이전엔 대학 졸업만 해도 대기업 채용이 되는 세상이었다. 공무원이나 은행은 직장으로 치지도 않던 시대였다.

그런데 갑자기 전국적으로 취업난이 닥쳤다. 이미 공인감정사 자격증을 따 한국감정평가원으로의 특채 채용이 확실시되어 있던 내게도 시련이 닥쳐왔다. 특채 조건이 시험제로 바뀌면서 나와 같은 지방대 출신은 면접에서 다 걸러지기 시작한 것이다. 공인감정사로서의 취직은 물 건너가버렸다.

갑작스럽게 취업전선으로 뛰어들어야 했다. 졸업 후 한 6개월 정도의 시간이 걸려 들어간 곳이 상장기업이었던 크라운 맥주(지금의 하이트진로)였다. 그나마 다행이라고 생각하며 감사한 마음으로 들어갔다. 내가 생각했던 길은 아니었지만, 늘 그래왔듯 현재에 충실하게 살았다. 처음 하는 영업직이었지만 막상 해보니 적성에도 맞는 듯했다. 사람을 만나는 것이 즐겁고, 내가 확신하는 상품을 좋은 조건으로 판매하는 것도 즐거웠다. 그렇게 성실히 지내다 보니 입사 몇 해 만에 과장까지 빠르게 승진할 수 있었다.

이 즈음 집사람을 만났다.

3-2 | 나의 가족, 사랑하는 아내와 아들

나의 아내 김용숙 여사와는 동갑내기 친구로 만났다. 초등학교 교사였던 아내는 내가 한창 크라운에 다닐 때 초등학교 동창이었던 친구로부터 소개받았다.

처음부터 사귀자고 만난 것은 아니었다. 아내는 나의 그 초등학교 여자 동창과 친구 사이였다. 내가 그 초등학교 동창에게 우리 회사 선배를 소개시켜 주어서 둘이 사귀고 있었다. 그 커플이 나를 불러 함께 셋이 놀다가, 나도 짝꿍이 있으면 더 재미있지 않겠냐 해서 자신의 친구인 아내를 데리고 온 것이었다.

우리는 처음엔 넷이 함께 만나 노는 친구 사이였다. 넷이 같이 운동도 하고 밥도 먹고, 영화도 보고 하다 보니, 가랑비에 옷깃

한 장 남은 결혼식 사진

젖듯 아내에게 내가 먼저 흠뻑 빠져들었다. 함께 있으면 늘 즐겁고 많이 웃게 되었고, 어느 순간부터 단 둘이 보고 싶어졌다. 고백은 당연히 내가 먼저 했다.

아내와는 성격적으로 정말 잘 맞았다. 마치 자로 잰 듯 정확하고 경우에 어긋남 없이 행동하는 사람이었다. 그런 점에서 '아닌 건 아니다'라며 타협하지 않는 나와 잘 맞았다. 그러다 보니 큰 싸움이 일어난 적은 많지 않았다. 다만 아내는 앞에 나서는 것보단 조용히 익숙한 사람들과 어울리길 좋아했고, 나는 밖으로 나도는 외향적인 성격이라는 점이 달랐다.

나의 사랑하는 아내와 큰 아들, 작은 아들과 함께

동갑내기 친구로 만난 인생의 동반자

결국 우리 둘의 만남은 결혼으로 이어졌다. 신혼 초 부모님과 함께 생활을 했던 나는 첫째를 낳고 분가해서 부산 중구 보수동으로 나와 살기 시작했다. 처갓집이 사는 동네였다. 맞벌이 부부였기 때문에 아이를 봐줄 수 있는 장모님 댁 근처로 옮긴 것이었다.

그러다 내가 퇴사를 해야 하게 되었다. 승승장구하며 잘 다니던 크라운을 내 발로 걸어 나오게 된 것은 아이러니하게도 빠른 승진 때문이었다. 회사 규정상 과장까지는 부산 지역에서만 근무하면 되는데, 그 위로 승진하면 전국을 돌며 지역 지점을 순환 근무해야 했다.

하지만 그런 삶을 집사람이 원하지 않았다. 초등학교 교사인 아내는 변화가 적고 안정적인 삶을 추구하는 성향이 컸다. 우리 부부는 시작부터 맞벌이로 출발했다. 내가 회사 생활을 성실히 한만큼, 아내 역시 자신의 직업을 사랑했다. 나 혼자만의 문제가 아니었기에 결국 선택할 수 있는 길은 분명했다.

크라운을 관두고 새마을금고에 신입직으로 시험을 쳐 들어가게 됐다. 익숙한 업무 환경과 상당한 월급을 포기하고, 한 번도 가본 적 없는 새로운 진로를 선택한 것이다. 주변에서 만류하는 사람들도 있었지만, 당시의 나는 직장을 관두는 것이 아쉽지도, 새로운 도전이 겁이 나지도 않았다. 오히려 조금 설레는 기분마저 들었다.

이런 나의 도전적인 성격을 나의 큰 아들이 쏙 빼 닮아 간 것 같다. 우리 부부 슬하

에는 아들이 둘 있다. 두 살 터울의 형제는 어려서부터 우애가 깊었다. 맞벌이 부부로 살았기 때문에 아이들이 어렸을 때엔 장모님께서 많이 돌봐 주셨다.

우리 부부의 자녀 양육관 역시 '엄부자모'였다. 우리 부부의 역할 분담은 상당히 확실했다. 내가 한번씩 아이들의 교육 문제나 진로 문제에 있어 쓴 소리를 하고, 아내가 일상적으로 아이들의 생활과 정서를 돌봐주었다.

시간이 지나고 보니 자녀 교육에 있어 가장 중요한 근간은 부모의 역할 분담이다. 특히 엄격한 아버지와 자애로운 어머니라는 부모상이 매우 중요하다고 생각한다. 우리 부모님께서 우리 형제를 키우셨듯이 말이다.

일전에 미국에서 성공한 동양인들 가정을 분석하여 쓴 글을 본 적이 있다. 그 때 글을 쓴 분이 교육학자이신가 그랬는데, 어렵게 이민을 와 성공한 동양인들의 가정교육의 열쇠가 바로 엄부자모라는 동양의 교육사상이라는 것이었다. 매우 공감했다.

요즘 점점 많은 젊은 세대에서 '친구 같은 아빠'를 표방하는 것 같은데, 물론 장점도 있겠지만, 그래도 기본적으로 '악역'은 아버지가 맡아야 한다는 게 내 생각이다. 아이의 입장에서 어머니에게서만 받을 수 있는 위로감이란 게 있기 때문이다. 아무리 아이들을 사랑으로 키우는 것이 중요하지만, 사랑이 전제로 된 엄격함이 있어야 바른 길로 자랄 수 있다. 요즘 예전보다 지나치게 이기적이고 부모님조차 통제를 할 수 없는, 이른바 '금쪽이'들이 많아진 데엔 이런 부모의 역할의 혼선도 있다고 생각한다.

이야기가 옆으로 조금 흘렀지만, 우리 부부의 가정교육은 그런 점에서 서로 잘 맞았다. 두 아들은 어려서부터 사이가 좋았다. 과묵하고 책임감 있는 큰 아들과 그런 형을 잘 따르는 둘째는 자라면서 크게 혼낼 일이 없었다. 그렇게 된 데엔 물론 맞벌이인 우리 부부를 대신해 아이들을 돌보아 주신 장모님의 헌신과 아내의 사랑이 있었기 때문이리라.

큰 아들 태희는 고등학교 때부터 혼자 호주로 유학을 가 객지 생활을 했다. 그 어린 나이에 호주 유학을 결심해 나쁜 길로 빠지지 않고 잘 자라준 것도 대견한데 미국 위스콘신-매디슨 주립 대학으로 진학을 했다. 당초 문과 계열인 경영학을 전공으로 목표했으나, 이공 계열인 생물학을 전공하면서 심리학을 복수 전공해, 한국인 신분으로 위스콘신-매디슨 의과대학원에 진학해 의사로서 어려운 길을 가고 있다. 그 과정에서 아버지로서 물심양면 도울 수 있는 부분은 최대한 도우려 애썼다. 거의 매일 국제전화를 걸어 아들과 대화하고, 아들이 필요로 하는 것들은 한국에서 챙겨 보내 줬다.

하지만 아무리 옆에서 도와주었다 해도 본인의 의지가 없었다면 해낼 수 없는 일들이었다. 그 모든 일을 해낸 것은 태희 그 아이의 몫이었다. 어쩔 때 보면 내 아들이지만 참 대단하다는 생각도 든다. 어린 나이에 겁도 없이 한 번도 가보지 않은 외국에 나가겠다고 한 것도, 회화도 잘 되지 않았던 녀석이 밤새 노력해가며 미국 명문대 합격까지 해내는 모습을 보면, 도전하길 두려워하지 않는 내 모습이 한층 업그레이드된 듯했다.

순둥하고 얌전한 줄로만 알았던 둘째 태언이도 어느 새 자신의 길을 걸어가고 있었다. 외국에서 공부하는 형의 영향을 받았는지, 둘째도 중학교 3학년 때 교환학생 시험에 합격하여 일찍 외국 유학길에 올랐다. 역시 스스로의 선택이었다. 기계공학을 공부해 뛰어난 엔지니어가 된 둘째 역시 미국에서 귀국하여 한국에서 자신의 커리어를 성공적으로 쌓아가고 있었다.

힘든 시기를 함께 이겨낸 두 아들

고난은 늘 예기치 못한 순간 찾아온다. 초등학교 교사 정년을 1년 앞두고 명예퇴직을 한 아내가 췌장암에 걸린 것이었다. 오랜 교직 생활 끝에 비로소 자신만의 시간을 오롯이 가지던 시기였다.

퇴직 후 1년 정도 지난 시점이었는데, 아내가 온 몸에 황달기가 심하게 왔다. 병원에 가서 검사를 해본 결과는 절망적이었다. 췌장암 3기였다. 하필이면 암 중에서도 완치가 어렵고 고통스럽기로 악명 높은 췌장암이라니…. 미국에 가 있던 아들들에게 급하게 소식을 전했다.

　병세가 눈에 띄게 빠르게 악화되어갔다. 음식을 넘기지 못해 살도 빠지고 혼자서 거동하기도 힘들어 했다. 내가 한창 시의원 활동을 하던 때여서 24시간 아내 곁을 지키기 힘든 상황이었다. 미국에서 막 의과대학원에 들어간 첫째 태희를 대신해, 둘째 태언이가 미국에서의 대학원 진학을 포기하고 한국으로 들어왔다. 누구도 그렇게 하라고 하진 않았지만, 그 아이 스스로 내린 결정이었다. 마냥 어린 줄로만 알았던 둘째 아이가 어느 새 속 깊은 어른으로 성장해 있었다.

　태언이라고 자신의 커리어를 포기하고 싶었을까. 하지만 그 애는 묵묵히 정성스럽게 엄마 곁을 지켰다. 그렇게 1년의 투병생활이 이어졌다. 2016년 9월, 사랑하는 나의 아내는 끝내 세상을 떠났다.

　슬픔을 넘어 참담함이 들었다. 오랫동안 친구처럼 동지처럼 사랑하며 살아온 아내를 잃은 기분은 말로 표현할 수 없는 것이었다. 모든 것을 내려놓을까라는 나쁜 생각도 들었다.

　아내를 고생만 시키다 떠나보낸 것 같아 미안한 마음만 들었다. 천생 교사였던 아내는 안정적이고 소박한 삶을 원했다. 그런데 내가 마지막에 괜히 정치를 한다고 해서 마음 고생을 시켰나 싶어 죄책감도 들었다. 선출직 의원의 가족이다 보니 걸음 하나 행동 하나 조심스러워했던 아내. 은퇴 후 노후에라도 걱정 없이 자신의 삶을 즐기길 바랐는데 이렇게 되어버려 미안하기만 하다.

　아내는 괴로운 투병생활을 이어가면서도 끝까지 생에 대한 희망을 놓치 않았었다.

아픈 와중에도 아이들을 걱정하고, 주변 지인들을 챙겼다. 그리고 무엇보다 나를 염려했다. 자신으로 인해 내가 망가지지 않았으면 했다.

마냥 넋 놓고 있을 수만은 없었다. 생전 '긍정왕'이었던 아내를 떠올리며 마음을 다잡았다. 아내는 늘 건강을 챙겼었다. 제철음식을 챙겨 먹고, 아무리 바빠도 아침을 잘 차려 먹고 나가라고 했었다. 아내의 강인한 삶의 의지를 이어 가기로, 그렇게 마음먹었다.

지금도 나는 늘 아침밥을 정성껏 치려 먹는다. 아내가 살아 있을 때에도 맞벌이어서 번갈아 밥상을 차렸었기에, 식사 준비는 그리 어렵지 않았다. 한동안 손을 놨던 운동도 다시 시작하고, 이제는 사랑하는 아내를 대신해 우리 부산 동구 주민들의 건강하고 풍요로운 삶을 위해 헌신하기로 했다.

다행히도 우리 아들들 역시 그런 어머니의 정신을 이어가고 있다. 심리적, 체력적 한계 속에서도 무너지지 않고 미국 영주권을 얻고, 의대에서 레지던트 생활을 이어가고 있는 첫째 태희에게 참 고맙다. 무엇보다 결정적인 순간에 무엇이 중요한 것인시, 자신과 우리 가족 모두에게 의미 있는 선택이 무엇일지 생각해 어머니 곁을 지켜준 태언이에게 아버지로서 진심으로 고맙다고 이 책을 빌어 전하고 싶다. 무뚝뚝한 경상도 남자 셋이서, 그래도 큰 갈등 없이 서로를 위하며 살아갈 수 있어 감사하다. 이 모든 것이 나의 아내가 마지막으로 주고 간 찬란한 선물이라고 생각한다.

아들이 쓰는 편지

아버지께,

아버지께서 자서전을 준비하신다는 말을 들으니 벌써부터 가슴이 벅찹니다.

아버지께선 늘 도전을 하셨습니다. 크라운 맥주회사를 다니다 새마을금고로, 그리고 구의원과 시의원으로 도전을 해오셨습니다.

현재에 안주하시 않으시고 환갑이 넘은 나이에 동구청장이라는 새로운 도전을 또 한 번 멋지게 해내신 아버지를 보면, 대단하시단 생각과 더불어 든든함을 느낍니다.

아버지를 보며 저 역시도 새로운 도전을 앞에 두고 용기를 낼 수 있었습니다.

아버지는 여전히 우리 가족의 든든한 버팀목입니다.

지금 보니 그 모든 도전들은 결국 가족을 위함이었습니다.

어머니에 대한 그리움, 저와 막내 태언이를 위하는 마음…

그 모든 것이 사랑이라는 큰 이름으로 우리 가족을 더 단단히 묶어주고 있습니다.

가족에 대한 사랑은 저에게도 크나큰 힘입니다. 어머니가 남기신 이 거대한 '사랑'이라는 유산은, 우리 셋의 책임감과 사랑으로 살아 숨쉬고 있습니다.

오랜 시간 외국에 멀리 떨어져 살며 아버지께 늘 마음의 빚을 느꼈습니다.

아버지의 묵묵한 헌신은 유학 중인 제게 정말 큰 힘이 됐어요.

무뚝뚝하게 속마음 표현을 잘 안 하셔도 부자(父子) 간엔 느껴지는 것이 있습니다.

그 마음 품고 저도 제 길을 꿋꿋이 걸어가겠습니다.

아버지, 늘 감사하고 사랑합니다.

앞으로 더 자주 찾아뵙겠습니다.

사랑을 담아,

위스콘신에서
태희 올림

사랑하는 우리 아빠!

세월이 참 빠르네요. 저도 어느덧 삼십 후반을 바라보는 나이가 되었습니다.
이 나이 먹고도 여전히 '아버지'라는 딱딱한 단어보다는
'아빠'라는 말이 더 익숙한 걸 보니 저는 천상 막내 체질인가 봅니다.
지난 몇 년간은 우리 가족에게 참 다사다난한 시간이었던 것 같아요.
가장 큰 이유로는 엄마의 투병 생활이 있겠죠. 먼저 떠난 가족의 빈자리로 인해 무너지지 않는
법을 배워나가는 시간이었다고 생각해요. 특히 누구보다 상심이 컸을 테지만 우리 가족이
더 단단해질 수 있도록 그 힘든 과정속에서도 중심을 지키기 위해 본인의 슬픔은 속으로
삼키고 늘 흔들림 없는 모습으로 가족들을 위로하던 아빠의 모습이 기억납니다.
저도 이제 결혼해서 가정을 꾸리고 나니, 당신께서 가족을 위해 헌신해오셨던
그러한 점들을 하나둘씩 깨닫게 되는 것 같습니다.
사회생활을 하며 롤모델에 관한 질문을 받을 때가 종종 있어요. 다소 진부하게 느껴질 수도
있겠지만 저는 늘 그 질문에 대한 답을 한 번도 고민해본 적 없습니다. "우리 아버지입니다!"
물려받은 재산 없이 맞벌이로 시작해서 자식 둘을 번듯하게 키워내신 강인한 생활력.
아무 기반 없던 정계에 입문하여 구의원, 시의원을 거쳐 구청장까지 올라가신 뚝심 있는 추진력.
가정의 화목함을 위하고 자식들을 위해 헌신하던 아낌없는 베풂까지.
그 과정에서 수많은 실패와 좌절이 있었던 것을 이제는 압니다.
하지만 결국 그 모든 것을 극복해내시는 모습을 곁에서 지켜보며 가족으로서도,
그리고 이제 한 가정을 꾸린 가장으로서도 정말 닮고 싶은 롤모델이라고 생각해요.
이건 진심입니다. 이 편지를 쓰는 날을 기준으로 다음 주에 아들이 태어납니다.
드디어 고대하시던 할아버지가 되셨네요. 제가 부모님께 받았던 사랑의 반절만
자녀에게 물려줘도 이 아이는 행복하게 자라지 않을까 상상해보며 편지를 마칩니다.
우리 가족, 가끔은 다툴 때도 있지만, 서로 위하는 마음은 늘 진실하니까,
또 그런 것도 가족이니까. 요즘들어 아빠에게서 가장에 대한 것을 많이 배웁니다.
늘 존경하고 사랑합니다.

아빠의 영원한 막내
태연 올림

김진홍의 혼밥 레시피

'명란 계란말이'와 잡곡밥, 땡초된장국

흔히 구할 수 있는 계란으로 만든 대표 반찬, 계란말이. 그냥 해먹어도 맛있지만, 냉동실에 명란이 있다면 명란 계란말이를 해보자. 계란의 고소함에 명란의 식감이 더해져 영양 만점 반찬이 된다. 예전에 동구청에서 진행했던 '5060 남자의 주방, 생활요리교실'에서 내가 선보였던 메뉴이기도 하다.
여기에 그냥 흰밥을 짓지 말고 집에 있는 잡곡을 조금 섞어 밥을 지어 함께 먹는다. 땡초를 큼직하게 썰어넣어 시원칼칼하게 끓인 된장국을 곁들이면 단촐하지만 맛 좋고 든든한 아침상이 뚝딱 완성이 된다.

재료 명란 1~2스푼, 맛술 또는 미림, 계란 5~6개, 소금 1/2티스푼, 후추 약간, 다진마늘 약간, 부추 또는 쪽파, 기호에 따라 약간의 햄

레시피
① 냉동실에서 명란을 꺼내 해동한다. 이때 맛술이나 미림을 넣어 비벼주면 금방 해동도 되고 비린 맛도 잡아준다.
② 계란을 양푼에 모두 풀어주고 소금 반 티스푼, 후추 조금을 넣어 섞어준다.
③ 부추나 쪽파를 쫑쫑 썰어 계란물에 넣는다. 이때 기호에 따라 약간의 햄을 다져 넣어주면 짭쪼롬한 풍미가 오른다.
④ 해동시킨 명란을 준비해둔 계란물에 넣어 섞어준다. 계란물 점도에 따라 물을 조금 넣어도 된다.
⑤ 기름을 두른 계란말이 프라이팬에 계란물을 조금씩 부어가며 약불로 천천히 익힌다.
⑥ 완성된 계란말이는 한소끔 식혀서 먹기 좋은 크기로 잘라준다.
⑦ 보기 좋은 떡이 먹기도 좋다고, 정갈한 반찬접시에 내주면 끝!

3-3 정치에 입문하다

　나는 정치와는 거리가 먼 사람이었다. 자라면서는 생업에 바쁘다보니 정치를 해야겠다 마음을 먹을 일도 없었고, 주변에도 그런 쪽으로 내게 영향을 줄 만한 사람도 없었다. 그런 내가 정치에 입문하게 된 것은 정의화 대한민국 제19대 국회 국회의장 덕분이다.

　내가 오랫동안 근무했던 동구 수정동 새마을금고는 서민들과 밀착되어 있었다. 나는 주민들의 은행업무 뿐만 아니라 생활 속에서 겪는 각종 고충들 역시 발 벗고 나서 도와주는 편이었다. 늘 마주치는 분들이었는데다 어르신들 혼자 사는 집이 많았기 때문에 우리 부모님이라는 생각으로 도와드렸었다.

　그러다 보니 우리 동네에 '해결사'처럼 소문이 났던 모양이었다. 어느날 당시 국회 부의장이었던 정의화 의장께서 "잠깐 보자"는 연락을 주었다. 정 의장께선 동구 출신으로 동구 내에 유서 깊은 봉생의료원의 원장이시기도 했고, 그 때 정치적으로도 입지가 상당한 분이셨다. '그런 분이 왜 나를 보자고 할까?' 다소 의아한 마음이 들었던 기억이다.

　"정치할 의향이 있나?"

　정 의장은 대뜸 내게 이렇게 물었다. 온화한 미소 뒤 날카로운 눈빛으로 나를 바라보고 있었다. 그 때까지만 해도 나는 그저 새마을금고를 열심히 다니다 이사장까지 해야지 하는 마음 뿐이었다. 단 한번도 정치인의 길을 생각해본 적이 없었지만, 이상하게도 내 입에선 뜻밖의 대답이 흘러나왔다.

구의원, 시의원 당시

"기회를 준다면 한번 해보겠습니다."

지금 생각해도 왜 선뜻 그런 대답을 했는지 알 수 없는 노릇이다. 그저 '새로운 도전'이라는 것이 내 마음에 와 닿았고, 내가 충분히 해낼 수 있을 것 같다는 생각이 들었다.

그때 들은 얘기가 우리 동구 지역 주민들이 구의원 추천으로 나를 넣었다는 것이었다. 당에서 새로운 인물을 물색하고 있던 차에 내 이름이 곳곳에서 들렸고, 이에 의장께서 직접 확인을 해보고자 했던 것이다.

우리 지역은 전통적으로 보수세가 강한 지역여서 '당의 공천을 받으면 곧 당선이다'는 말이 나올 정도다. 대신 그만큼 당의 공천을 받기가 힘들다. 그런데 우리 지역 보수당에서 가장 막강한 영향력을 가진 정 의장께서 직접 나를 추천했으니, 공천과 당선은 따 놓은 당상이었다. 나의 첫 구의원 생활은 이렇게 시작됐다.

2006년 5월 제4회전국동시지방선거에 구의원으로 출마했다. 그리고 7명의 후보 가운데 당당히 1등으로 당선되었다.

주민들의 추천으로 정계 입문하다

구의원 생활은 생각보다 일찍 끝났다. 제5대 부산광역시 동구의회 부의장까지 역임했지만, 내 선거캠프에서 회계를 봤던 실무자 한 명이 실수를 해 선거법에 저촉된 것이다. 그 누구의 고의도 아니었지만 잘못은 잘못이었다. 의원직에서 물러나 새마을금고로 돌아갔다. 당시엔 겸직이 가능했기 때문에 여전히 적을 새마을금고에 두고 있는 상황이었다.

도전을 즐기는 편이었지만, 이렇게 허무하게 끝나버리자 정치에 대한 열정도 사그라들었다. 새마을금고 전무로 일할 때와 구의원으로 일할 때 경제력의 차이도 상당히 크기도 했지만, 집사람도 정치 생활을 반대했기 때문에, 마침 잘 됐다 싶기도 했다.

정치는 이제 내 일이 아니라 생각하고 7~8년의 세월이 흘렀다. 제6회전국동시지방선거를 앞두고 정 의장께서 또 다시 나를 불렀다. 2014년 치러진 제6회전국동시지방선거에서 시의원으로 나가보라는 말씀이었다.

이번엔 고사를 했다. 선거라는 게 나 하나 잘 한다고 되는 게 아니란 것도 뼈 아프게 느꼈던 데다가, 여전히 아내가 반대를 했기 때문이었다. 구의원 선거 당시만에도 내가 선거를 하겠다 하니 탐탁치 않아하면서도 동의를 해줬는데, 이번엔 절대로 승낙을 안 해줄 것 같았다.

두 번, 세 번 고사했지만, 정 의장의 뜻은 매우 완고했다. 무슨 확신으로 그렇게 밀어 부치셨는지 모르겠지만, 나를 인정해주고 높이 평가해주시는 게 감사해서 결국 끝

> **김진홍 부산시의원,
> '2018 지방정부 의정활동' 최우수 수상**
>
> 프레시안 2019.2.20
>
> 김진홍 의원은 제7대 시의원으로 재임하면서 지방자치와 지방의회 발전을 위한 다양한 정책활동을 했으며 제8대 부산시의회에서는 부의장으로서 지방분권개헌과 산하 공공기관장 인사청문제도 도입 촉구 등 보다 활발하고 강도 높은 의정활동으로 가시적인 성과를 나타냈다.
> 특히 전국 최초로 제정한 '부산광역시 에너지복지 조례'는 에너지 빈곤층에 대한 에너지 복지사업을 뒷받침할 수 있는 근거가 되는 조례로서 개별적이고 산발적으로 추진되던 부산시의 에너지 복지사업들을 체계적이고 종합적으로 지원할 수 있게 한 부분에서 높은 평가를 받았다.
> 김진홍 의원은 "초선이 대부분인 부산시의회에서 재선의원으로서의 경험을 바탕으로 의정활동을 한 것뿐인데 이렇게 큰 상을 받게 되어 기쁘다"며 "처음으로 제정된 의정대상의 수상자로 선정된 만큼 더 큰 책임감을 가지고 겸손한 자세로 주민과 함께 화합하고 소통해 서민과 사회 약자를 위한 의정활동을 하겠다"고 밝혔다.
>
> 출처 : https://v.daum.net/v/20190220144210990

까지 거절을 하지 못했다.

역시 집사람의 큰 반대에 부딪혔다. 내가 선거 후보에 등록을 하려면 부인이 도장을 찍어주고 범죄경력조회를 직접 승인해줘야 하는데, 절대로 도장을 내어주지 않는 것이었다. 아내는 "절대 동의 못한다"며 "기어이 하려거든 이혼부터 하고 해라"는 말까지 했다. 우리 부부가 살면서 가장 큰 갈등을 겪었던 시기가 아닐까 싶다.

그런 아내를 도저히 설득할 수 없어 결국 내가 포기를 했다. 정의화 의장께 전화해서 "우리 집사람이 도저히 승낙 안 해준다"고 말했다. 의장께선 일주일만 더 생각해보라 그랬다.

신기하게도 그 때 꼭 내가 의원선거에 나가는 것이 자연스러운 흐름 같은 게 형성되

> **[6·1 지방선거] '시의원에서 구청장으로'**
> **김진홍 부산 동구청장 당선인**
>
> 연합뉴스 2022.6.2
>
> 부산 동구에서는 국민의힘 김진홍 당선인이 현역의 더불어민주당 최형욱 후보를 눌렀다.
> 김 당선인은 "동구가 침체해 있고 인구 소멸지역으로까지 몰린 상황에서 동구의 변화를 열망하는 주민 표심이 반영된 것 같다"고 말했다.
> 4년 전 더불어민주당 열풍이 거센 상황에서도 자유한국당 소속으로 오은택 전 시의원과 함께 재선에 성공하며 확고한 지지기반을 과시했다.
> 시의원으로 재임할 당시에는 유치원 무상급식, 공공기관장 청문회 개최 등을 이끌며 활약하기도 했다.
>
> 출처 : https://v.daum.net/v/20220602030506558

었다. 당의 내부적 사정으로 인해 후보 최종 등록 시한이 일주일 연기되어 내게 시간을 벌어준 점도 그랬다. 우연이 아닌 것 같은 크고 작은 일들이 이어졌다. 당시에 내가 선거를 포기한다는 소문이 나면서 우리 지역의 사람들이 아내를 찾아와 설득하기도 했다. 그때 우리 집사람이 하는 말이, 동의를 안 해주면 살면서 여러 사람들로부터 두고두고 원망을 듣겠다 싶었다고 했다. 대신 선거운동은 일체 안 도와준다고 선언했다. 인생의 큰 결심을 내린 아내에게 미안하고 고마운 마음으로, 선거 후보 등록을 무사히 마칠 수 있었다.

그렇게 제6회와 제7회까지 동구 제1선거구 부산광역시의회 의원으로 활동했다.

김진홍 구청장 취임식 현장방문

2선의 시의원, 그리고 또 도전

　매일매일이 역동적인 하루였다. 부산 시정에 대해 보다 면밀히 살펴볼 수 있었고, 이때의 경험이 지금 구정을 돌보는 데 좋은 밑거름이 되었다.

　위기도 있었다. 2018년 시의원 재선 때였다. 2017년 3월 헌법재판소 탄핵심판 판결에 의해 대통령 박근혜가 파면된 직후였다. 모든 여론이 우리 국민의힘으로부터 완전히 등을 돌렸었다.

여기에 더해 벚꽃대선으로 당선되었던 문재인 대통령이 북한의 김정은 위원장과 만나 악수를 했다. 통일이 손에 잡힐 듯한 시기였다.

전통적으로 보수텃밭이었던 부산도 그때만큼은 달랐다. 파면 직후 치러진 지방선거의 결과는 참혹했다. 45명의 부산시의회 의원 가운데 국민의 힘 의원은 선출직 4명, 비례대표 2명으로 그 중 선출직 1명이 나왔다.

거대여당에 의해 철저히 고립되고 배제된 야당생활이 시작되었다. 워낙 사람이 없어서 전반기에는 야당 몫의 부의장을 하고, 후반기에는 국민의힘 원내대표를 맡아서 정말 열심히 뛰었던 시기였다. 거대여당에 밀려 제대로 목소리도 내기 어려운 상황이었지만, 포기하지 않았다. 협치와 관용의 정치란 무엇인가에 대해, 이 시기 참으로 많은 생각과 고민을 했던 것 같다.

시의원에 출마하면서부턴 내가 반드시 지켜온 원칙이 있다. 선출직을 하는 동안엔 일체 타직업에 종사하지 않겠다는 것이었다. 시의원은 겸직이 가능했었기에, 생업활동과 시의회 활동을 겸직하는 등 유연하게 근무하는 사람들도 많았다. 그렇게 해도 누구도 뭐라하지 않았다.

하지만 내 생각에 그건 '제대로' 일하는 것이 아니었다. 국민의 세금으로, 국민을 위한 일을 하라고 뽑아 놓은 사람들인데, 다른 일을 한다는 것은 나의 소신과는 맞지 않는 일이었다.

나는 선거 기간 공약사항으로 겸직을 하지 않겠다 공언을 했다. 그리고 그 공약을 그대로 지켰다. 경제적 소득에 연연하지 않고 그 덕에 "밥값하는 시의원"이라는 별칭을 얻기도 했다. 알차게 시의원 8년을 일했다.

세 번째 시의원 선거를 앞두고, 고민에 빠졌다. 3선을 하게 되면 부의장과 원내대표를 경험했기에 시의회 의장 자리에 도전할 수가 있다. 부산시의회 의장이면 부산광역시에서 서열2위 가는 자리다.

하지만 나는 뭔가 늘 아쉬움을 느끼고 있었다. 선출직을 하는 사람들은 행정에 대한 감시·감독·견제의 기능을 가지고 있다. 하지만 직접적으로 정책 추진을 할 수는 없는 것이다. 어느새 내 안엔 최종적으로 구민들을 상대로 정책을 펼쳐 보고자 하는 꿈이 자라나고 있었다.

시의원으로서 의장에 도전하느냐, 단체장에 나가느냐 오랜 고심 끝에 나는 또 다시 '새로운 도전'을 선택했다. 많은 어려움이 있었지만 2022년, 내가 오랜 시간 살아온 부산시 동구 구청장으로 당선이 되었다.

내게 정치는 운명과 같은 흐름이었다. 자라면서 정치의 뜻을 품은 적은 없었지만, 어느 새 정치는 나의 삶이 되어 있었다. 그러니까 정치란, 나의 직업이자 사명이자 자연인 셈이다. 요즘의 나의 일상은 구정(區政)으로 가득 차 있다. '개인 김진홍'이 사라진 듯한 느낌을 받을 때도 있다. 아내가 없고, 자식들이 모두 품을 떠나서 그런 것일지도 모르겠다. 그만큼 구정에 몰입되어 있다.

많은 사람들이 '정치인'이란 말을 들으면 부정적인 인상을 먼저 떠올린다. 부정부패, 내로남불, 보여주기식 정치 등 우리는 지금까지 너무 많은 정치적 과오를 목도해 왔다. 나 역시도 그런 경험이 있다. 그래서 더욱 깨끗하게, 원리원칙을 지키는, '선을 넘지 않는' 정치를 해야겠다고 다짐했다. 이것은 아버지의 영향을 받은 거라고 볼 수 있다.

당신께선 올곧은 분이셨다. 돈이 없어도 돈 때문에 궁하지 않았던 분이었다. 어렸을 때는 그런 아버지가 이해가 되지 않고 때론 원망스럽기까지 했다. 하지만 살면서 보니 돈에 흔들려선 소신을 펼치기 어렵다는 것을 알게 되었다.

원칙과 소신. 내가 정계에 입문하면서, 특히 기초자치단체장으로 취임하면서 굳게 실천하고 있는 두 가지 뜻이다. 정치를 하기 위해선 사실 돈이 필요하기 때문에, 각종 로비와 민원 청탁의 유혹이 따르기 십상이다.

나는 취임 초기부터 이 부분에 대해선 칼같이 대해왔다. 일체의 후원금, 명절 선물, 심지어 구민들의 생활민원을 제외한 사업 관련 민원은 딱 잘라 거절해왔다. 2022년 둘째 아들 태언이가 결혼할 때엔 아들에게 미리 양해를 구한 뒤 축의금도 일체 받지 않았다. 아들이 결혼한다 하니 사업하는 주변인들이 돈봉투 가져오는데, '아, 이건 아니다' 싶었다. 선의로 주는 축의금이라도, 나중엔 그게 다 부탁이 되어 돌아오는 것 아닌가. 게다가 우리 구청 직원들도, 가까운 주민들도 축의금 문제로 눈치를 볼 일이 분명 생길 것 같았다.

그때 태언이에게 이런 얘기를 하자 "아버지 손님 축의금인데 나는 안 받아도 됩니다"라며 나의 결정에 힘을 실어줬다. 또 한 번 '막내 녀석이 언제 저렇게 커서 의젓해 졌나' 싶었다.

여기에서 한 발 더 나아가, 내가 받는 돈의 일부를 사회에 즉시 환원하기로 했다. 구청장 취임사에서 구민들께 약속했다. 매달 내 급여의 30%를 어려운 사람을 위해 환원하기로 했다.

김진홍 동구청장, 부산사랑의열매 아너 소사이어티 가입

국제신문 2023.7.13

김진홍 동구청장은 부산 지방자치단체장으로서는 최초로 재임 중에 5년간 1억 원의 기부금을 약정하며 부산 아너 소사이어티 323번째 회원이 됐다.

경남 김해시에서 태어난 김 아너는 초등학교 때 기성회비를 내지 못하고 수돗물로 허기를 채웠던 유년시절 가난한 경험으로 어려운 이웃에게 지속적으로 관심을 갖게 됐다. 동구청장에 취임하면서 급여의 30%를 기부하겠다고 구민에게 약속하며 꾸준히 실천하고 있다.

김 아너는 "공공의 지원이 닿지 못하는 어려운 분들에게 급여의 30%를 나누어 기부하겠다는 것이 구청장이 되며 구민에게 한 첫 약속이었고 이를 지키게 되어 매우 행복하다"며 "사회적 약자를 배려하는 정책개발과 지원노력에 공직자로서 솔선수범하며, 오늘을 시작으로 두 자녀도 기부문화 확산에 함께 하기를 희망한다"고 말했다.

출처 : https://www.kookje.co.kr/news2011/asp/newsbody.asp?code=2100&key=20230714.22025003890

결코 내가 돈이 많아서가 아니다. 그만큼 어렵게 살아봤기 때문이었다. 지금 나한테 그 30%의 돈이 더 있으면 내가 생활하기엔 좀 더 낫겠지만, 나 혼자 사는데 그 돈이 없으면 또 없는 대로 살 수 있는 것이다. 지금까지 나는 주변분들의 도움과 지지로 여기까지 성장할 수 있었기 때문에, 그에 대한 현실적인 보답을 하고 싶었다. 그리고 지금까지 그 약속을 지키고 있다. 그냥 "사회에 환원하겠다!"하면 그 말이 흐지부지될까봐, 아예 부산사랑의열매 아너 소사이어티회원(1억 원 이상 기부)에 가입을 해 매달 실천하고 있다.

로비스트나 사업 민원인들은 아예 '입구컷'이고, 하다못해 명절에 우리 구청 직원이

준 선물도 돌려보냈다. 한 번은 인사철에 어떤 직원이 선물을 보내온 적이 있었다. 바로 감사실로 돌려보낸 뒤 다음날 공식회의에서 "앞으로는 청탁성 선물이 오면 바로 감사실로 보내겠다"고 천명하기도 했다.

아너 소사이어티 가입

직원들은 민원성 부탁을 하는 사람이 찾아오지 않고, 이리 저리 흔들어 대지 않으니 업무를 소신대로 할 수 있어 무척이나 편하다고 한다. 나는 요즘도 늘 우리 구청 직원들에게 업체를 선정할 땐 이것저것 눈치 보지 말고 소신껏 하라고 말한다. 단, 그에 대한 문제는 각자 책임 지는 것이다. 부정이 없는 대신, 잘못에 대한 관용도 없다. 이렇다 보니 우리 동구는 그렇게 많은 사업을 진행하면서도 단 한 번도 부정한 잡음이 나오지 않는다. 우리 동구청의 자부심이자 긍지이다.

이런 결정들이 지나고 보니 참 잘한 것들이란 생각이 든다. '구청장님한텐 업체가 찾아가 청탁해도 안 들어준다더라'는 소문이 한 번 나니까 더 이상 민원을 넣지도, 우리 직원들을 귀찮게 하지도 않는다. 이렇게 자연스럽게 공직 기강이란 게 잡혀갔다.

내가 받는 유일한 선물은 시장 아지매들이 가끔 손에 들려주는 검은 봉투 속 제철 나물들 정도다. 이건 그 분들의 마음씀씀이이기 때문에 받지 않을 수가 없다. 검은 속내가 없는 순수한 마음이 담긴 선물이다.

제4장

내가 본 인간 김진홍

"김진홍의 첫 인상은 '참 큰 사람' 이었다.
실제 키도 크지만 무엇보다 다른 사람을 대하고
품는 마음이 커다란 사람이다."

25년의 인연 동안
변함없는 그 모습

정의화 대한민국 제19대 국회 국회의장

    25년 전, 제16대 국회의원 선거 운동을 하던 중 부산시 보수동 산복도로 거리유세를 하던 중이었다. 한참 유세하는 중에 차 한 대가 지나가다 멈춰섰다. 길가에 차를 대고 한 사람이 내려 내게 다가와 정중하게 인사를 했다. 훤칠한 키에 울림이 있는 듣기 좋은 목소리, 인사를 나누며 그에게 누구인지 묻자 "수정1동 새마을금고 상무로 있는 김진홍입니다"하고 인사를 했다. 내게 "참 수고가 많으시다"며 인사를 건네고는 자리를 떠났다.

    선거기간 중엔 많은 사람을 만난다. 모르는 사람과 인사를 하는 경우도 많지만, 그와 처음 만난 순간은 지금까지도 기억에 날 만큼 인상이 깊다. 굳이 가던 길을 멈추고 와서 인사를 하던 그 청년이 기특하고 고맙기도 했다. '김진홍'이란 이름을 기억하고 있자니, 그 후 동구 이곳 저곳에서 그의 이름이 들려왔다.

몇 년 뒤, 동구를 이끌어갈 새로운 인물을 찾던 중 자연스럽게 그가 떠올랐다. 이 지역의 구의원감으로 적임자라고 생각했다. 당시에 우리 당에서 배출할 만한 인물이 마땅히 없던 차이기도 했지만, 몇 년 간 두고 보아 하니 사람이 아주 성실하고 인상도 좋으며 덕성이 있는 사람이었다. 평판을 알아보니 누구도 그를 나쁘게 말하는 사람이 없었다.

당시 새마을금고 이사장이었던 송정호 이사장과 평소 친분이 있었는데, 그 분 역시 김진홍 상무를 적극 추천했다.

의사 출신으로서 정치를 했던 나로선 전문직 종사자가 주민을 위해 정치를 했을 때 실질적 도움이 되는 부분이 많다는 것을 알고 있었다. 김진홍 구청장 역시 오랫동안 금융업에 종사한 일종의 전문직 출신이다. 그런 역량이 있는 분이 구의회에 들어가면 우리 동구민들에게 큰 도움이 되겠다는 판단이 들었다.

그에 대한 나의 판단은 틀림이 없었다고 생각한다. 구의원으로서 일을 잘했을 뿐만 아니라 주변인들로부터 평판도 좋았던 것으로 기억한다. 그에 대한 믿음으로, 시의원 선거에도 그에게 공천을 줬다. 시의원 때도 그의 자질을 인정받아 시의회 부의장까지 하게 됐다. 우리 당이 야당이었을 때다. 삼선까지 가면 부산시의회 의장까지 충분히 했을 재목이었다. 구의원에서 시의원, 그리고 구청장까지 그의 정치 행로는 순탄한 흐름을 보였다. 인망이 두텁고 실무능력이 뛰어났기에 큰 리스크가 없었다.

김진홍 구청장과 나의 인연은 벌써 25년이 다 되어 간다. 여전히 그에 대한 나의 신뢰는 깊고 굳건하다. 그는 앞과 뒤가 다르다거나, 뭔가 속으로 술수를 부린다거나 하는 류와는 거리가 먼 사람이다. 약속을 지키려 노력하고, 결국 자신의 말과 행동에 책임을 지는 태도를 보여왔다. 순수하고 성실하다.

그는 또한 사람과의 인연을 소중히 여긴다. 오래 전 인연을 맺은 뒤 그는 꾸준히 내 곁을 지켰다. 그가 정치활동을 하지 않을 때에도 내 오른팔을 자처하며 나를 돕기 위해 발 벗고 나섰으며, 내가 정계 은퇴를 한 뒤에도 1년에 한 두 번씩 반드시 직접 찾아와 인사를 한다. 사람에 대한 예의는 물론이요, 기본적으로 인성이 바른 사람이다.

중앙 정치에 바빠 최근 몇 년 간 김 구청장이 잘 하고 있는지 어떤지 지근거리에서 확인하진 못했다. 그러나 그에 대한 주민 및 지인 평판이 칭찬 일색인 것을 보며 '여전히 잘 해내고 있구나' 생각할 뿐이다.

세계적인 도시로 발돋움하는 부산, 그 중심에 위치한 동구는 발전의 가능성이 무궁무진하다. 오랫동안 추진되어온 북항 재개발 사업 및 그와 연계된 부산역~부산진역 구간 철로 지하화 사업, 산복도로 주변 정리, 그리고 지역주민들 복지와 안전을 위한 생활 개선이 차근차근 이뤄지고 있다. 이를 위해 행정이 잘 뒷받침하고 있을 것으로 보인다.

우리 김 구청장은 지금도 보이지 않는 곳에서 누구보다 열심히, 일하고 있을 것이다. 그 부분에 대해선 믿어 의심치 않는다. 그런 그가 계속해서 새로운 도전, 더 높은 도전을 해나가길 바란다. 기초자치단체장 출신으로서 더욱 많은 국민을 위해 봉사하길 바라는 마음이 크다. 김 구청장은 충분히 그럴 수 있는 역량을 가지고 있다.

많이 듣고, 많이 묻길 바란다. 늘 배우는 자세로 공부하고, 시간 나는대로 지역주민들 특히 어렵고 힘든 사람을 많이 찾아가 뵙길 바란다. 지금까지 해온 그대로, 그렇게 살아가길 바란다.

정의화 대한민국 제19대 국회 국회의장
· 인제대학교 대학원 의학 박사
· 연세대학교 대학원 의학 석사
· 부산대학교 의학과 졸업
· 부산고등학교 졸업

경력사항

국민의힘 상임고문단 회장

봉생기념병원 의료원장

2016.05.~	새한국의비전 이사장
2014.05.~	2016.05. 제19대 국회 후반기 의장
2013.01.~	제19대 국회 한미외교협의회 회장
2012.05.~	2016.05. 제19대 국회의원
2008.05.~2012.05.	제18대 국회의원
2004.05.~2008.05.	제17대 국회의원
2000.05.~2004.05.	제16대 국회의원
1996.05.~2000.05.	제15대 국회의원

아이디어와 추진력
매일 보면서도 놀라워

곽승개 주한타이베이대표부 부산사무처 총영사

KJH. 그의 이름 김진홍의 영문 이니셜이다. 나는 이것을 이렇게 풀이한다. 'Kind(친절한)', 'Joyful(기쁨을 주는)', 'Heartfelt(진심어린)' 사람이다. 이것이 내가 그를 표현하는 단어다.

2023년 5월, 내가 총영사로 한국으로 부임한 직후 여름이었다. 7월에 부산에서 폭우가 쏟아지며 각 지역에서 위험천만한 침수 사고가 발생했었다. 김진홍 구청장의 주도로 2022년 1월 지방의회 최초 대만친선협회가 출범한 바 있어, 이미 인사드리고 알고 지내던 사이였다.

여름 침수 사고가 잇따르자 김진홍 구청장은 사고 현장들을 일일이 점검하고 재발 방지를 위해 많은 고민을 했다. 나는 그 일환으로, 부산과 자매도시 결연을 맺고 있었던 대만 가오슝시를 방문해 홍수 대책을 배우고 관련 시설을 방문할 것을 제안했다.

기후변화로 인해 부산도 대만처럼 아열대 기후처럼 돼가고 있는 상황이었지만, 부산의 배수시설은 대만에 비해 부족한 측면이 있었기 때문이었다.

김 구청장은 "폭우 피해는 구민의 안전과 관련한 일이기 때문에 꼭 방문하겠다"는 약속을 했고, 이듬해 3월에 바로 실행에 옮겼다. 구청장이 이끄는 대표단은 가오슝시 옌청구를 방문했다. 항구도시 지역이며, 구도심 지역이라는 점에서 공통적이 있는 두 지역의 만남이었다. 옌청구는 구도심에 대한 재개발이 성공적으로 이뤄지고 있었기 때문에 동구 대표단은 옌청구과 행정적 교류를 이어가며 선진 사례를 벤치마킹하기로 논의를 진전시켰다. 이에 2024년 10월에 옌청구에서 동구를 방문, 자매 결연을 맺게 되었다.

대만과 한국은 비슷한 측면이 많다. 지리적으로 가까울 뿐만 아니라, 자유·민주주의를 추종한다는 점에서 이념적으로도 비슷하다. 산업화와 민주화를 동시에 성공적으로 이뤄낸 나라란 점도 공통점이다. 한국 사람들도 대만에 호감이 있으며, 대만사람들도 한국을 좋아한다.

한국-대만 간 경제 문화 관광분야는 갈수록 활발해지고 있다. 작년 한국-대만 간 관광객 수는 243만명으로, 한국을 찾은 대만관광객은 143만명, 대만을 찾은 한국관광객은 100만명이었다.. 한국과 대만은 서로에게 3번째 관광대상국이다. 그만큼 민간 교류가 활발하며, 특히 작년의 경우 부산을 방문한 외국인관광객 중 대만 사람이 제일 많았을 정도였다.

산업적 교류도 활발하다. 지난해 한국-대만의 무역총액은 645억달러를 기록했다.

수정산 꿈자람터 개관식

대만은 한국의 6번째 무역대상국이었고, 한국은 대만의 5번째 무역대상국으로 자리 잡았다. 그 중에 한 70% 정도가 반도체 부품이다. 반도체 공급망에 있어 한국-대만 간 강도 높은 상호 보완 관계를 보이고 있다. 앞으로도 인공지능(AI) 시대를 맞아 세계 진출에 있어서 협력 지점이 많을 것으로 보인다.

지방의 기초단체 간 교류를 비롯해 국가 간 협력까지, 여러 분야에 있어서 지리적·이념적으로 가까운 두 나라가 앞으로도 함께 성장하며 교류를 이어갈 수 있을 것으로 보인다.

김진홍 구청장 같은 유능한 분이 함께 같이 노력한다면 많은 성장을 이룰 수 있을 것이다. 대만에서 부산에 처음 왔을 때 김 구청장의 도움을 참 많이 받았다. 우스갯소리로 "'만사형통'이 아니라 '만사홍통'"이라고 말한 적도 있다. 김 구청장은 도움을 요청하면 최선을 다해 도움을 주시려 하는 분이다. 본인이 스스로 해결할 수 없는 일이라면 관련해 도와줄 수 있는 분을 소개시켜준다. 그런 그에게서 '진심을 다해 사람을 대한다'는 것을 느낀 적이 많았다.

리더로서 그는 아이디어 많고 추진력이 강한 사람이다. 나는 그의 페이스북을 팔로우하고 있는데 매일같이 새로운 것들이 뜬다. 그의 페이스북에 피드가 뜰 때마다 나도 그와 같이 열심히 해야겠다는 생각도 들고, 많은 에너지를 받는다.

김진홍 구청장과 같은 마인드를 가진 분이 지금까지 해온 것처럼 구민들 위해 뛴다면, 그것이 어느 자리든 성공해낼 수 있을 것이라 생각한다.

주한타이페이대표부 부산사무처

주한타이페이대표부 부산사무처는 2005년 3월 25일에 설립되었으며, 관할 구역은 부산광역시, 대구광역시, 광주광역시, 울산광역시 등 4개의 광역시와 경상남·북도, 전라남도, 제주특별자치도 등 한국 남부 전역을 포함한다.
주요 업무는 재한 대만 국민의 권익 보호를 비롯해, 대만과 한국 남부지역 간의 경제, 무역, 투자, 문화, 교육, 관광 등 다양한 분야에서 실질적인 교류와 협력을 촉진하는 것이다. 또한, 대만 여권 및 비자 발급, 문서 인증, 대만인을 위한 긴급 구조 지원 등 다양한 영사 서비스를 제공하고 있다.
현직 부산사무처 처장 곽승개(郭承凱, 궈청카이)는 2023년 5월 5일 부임하였으며, 양 지역 간의 교류 확대를 위해 활발히 활동하고 있다.

실력과 성품 두루 갖춘 진정한 일꾼, 더 많은 국민 위해 뛰길

송정호 전 새마을금고 이사장

　김진홍 구청장과는 1993년, 내가 새마을금고 수정1동 이사장이 되면서 본격적인 연을 맺기 시작했다. 당시 직원이었던 김진홍은 다른 직장 다니다가 입사했던 것으로 기억하는데, 사람이 풍채도 좋고, 인물도 좋고, 부지런하고, 실력이 대단했다. 실력만 봐서는 명문대 법대를 나온 사람 이상으로 똑똑했다.

　김 구청장은 그때부터 나와 손발이 잘 맞아서 무슨 일이든 착착 진행했다. 또 워낙 성품이 좋고 주변인들의 어려움을 그냥 못 지나치는 성격이어서 아는 새 모르는 새 새마을 금고 고유 업무 말고도 동네 민원 업무도 많이 봐주게 되었다. 주민들이 금고 업무 외에도 살면서 애로 사항이 있으면 모두 김진홍에게 뛰어왔다.

　당시에는 인터넷도 크게 발전하지 않아서, 나이가 많은 분들 중에는 사실 행정적인 문제 같은 걸 잘 모르는 사람들이 많았다. 그런데 주민들이 고충을 토로하면 김진홍

이 세부적인 부분까지 주민들에게 이해를 시키면서 문제를 풀어나갔다. 생활과 관련한 불편함부터 각종 법률, 세무 같은 부분까지, 자기가 공부해서 알려주고 그래도 안 되겠으면 전문가를 직접 소개시켜주곤 했다.

온 동네 주민의 민원을 해결해주니, 사람들의 발길이 끊이지 않았고 새마을금고가 날로 발전했다. 다른 금고들은 다 통폐합된 지금, 아직도 그 지점은 살아 있다. 김진홍 상무의 역할이 컸다고 볼 수 있다.

실력도 보통이 아니지만, 그보다 사람이 듬직하다. 그 큰 덩치에 값할 만큼 체력도 있어서 마라톤도 풀코스로 뛰고 한다. 그 체력이 받쳐주는 것 이상으로 성실하게 일한다.

또 그는 누구보다 정직하다. 주민들을 상대할 때도 너무 성실하고, 마음으로부터 주민을 위하는 게 보인다. 그런 점이 금고 업무하고 직결되어, 직장 상사로서는 흐뭇한 마음이 될 수밖에 없었다. 그런 점에서 그가 큰 일을 할 거라는 기대감이 진작부터 있었다. 나는 고향이 남해이지만 동구에서 오래 살았다. 1969년도 제대하고 수정1동으로 이사 갔고 1978년부터 송월타올 영업점을 운영했다. 동네 통장부터 시작해서 봉사를 하다 보니 새마을금고 이사장까지 되었다.

김진홍 부부는 젊을 때부터 부부가 같이 맞벌이를 했다. 둘이 번갈아 가며 밥도 하고 청소도 하고, 두 아들 키워가며 재미있게 잘 살았다. 지금도 혼자 밥을 잘 해먹는다고 하는데, 그런 점을 보면 우리 세대 부산 남자들에게서는 좀처럼 보기 드문 타입이다. 두 아들도 모두 훌륭하게 자라나서, 각각 의사와 IT 계통 일을 하는 일꾼이 되어 있다.

그는 개인적으로도 흠결이 없는 사람이다. 이렇게 훌륭한 자질을 많이 가진 사람 중에는 자존심이 강해서 자기가 옳다는 생각에 빠져 있는 사람들도 많다. 하지만 그는 항상 자신에 대한 비판을 스스럼없이 받아들이고 바로 시정하려고 노력하는 진솔한 면도 갖추고 있다.

예전 청장 선거 사무실에서 있던 일이다. 선거를 하다 보면 아무래도 바쁘다 보니, 손님 앉혀 놓고도 정신없이 들락날락하게 된다. 한 번은 내가 그런 점을 지적하면서, 손님을 두고 나갈 때는 잠시 다녀오는 것이라도 반드시 "어디 다녀오겠습니다" 라는 한 마디라도 하고 나가라 하고 쓴소리를 한 적이 있다. 그랬더니 이를 바로 받아들이고 100% 바꾸는 걸 본 적이 있다.

이사장직을 딱 14년 동안 하고 그만 뒀는데, 당시 김진홍은 전무까지 올라가 있었다. 그랬던 그가 구의원, 시의원을 거쳐 이제 동구 전체의 발전을 책임지는 자리에 있으니, 김진홍에게 딱 어울리는 옷을 입고 있는 것 같다. 여기에 더해 오랫동안 그를 보아 온 나는 구청장으로서 구민들에게 사랑 받는 역대 최고의 구청장이 되기를 바란다.

동구의 북항 개발이 잘 진행되어, 철도가 지하노선화 되어서, 북항과 원도심의 왕래가 원활해지면 좋겠다. 지금은 철도 때문에 차단이 되어 있다. 현재 산복도로의 고도제한은 풀렸으니까, 충분히 효율적으로 왕래할 수 있는 도로가 만들어져, 북항하고 연결만 잘 되면 동구 미래는 밝다고 본다.

김 구청장이 구청장으로 취임한 뒤 참으로 여러 가지 일을 했다. 북항 공원도 잘 조

새마을금고 시절 주민들과

성했고, 걷기 도로도 잘 조성했다. 여러 모로 동구가 살기 좋은 도시로 되고 있다. 구청장이 행정을 잘해서 희망이 보이니까 인구가 유입되는 것이다.

앞으로는 어떤 도전이라도 실력으로든 건강으로든, 누구하고 붙어도 승산이 있다고 본다. 보통 실력이 아니다. 내가 14년을 바로 옆에서 지켜본 사람이다. 나만이 아니라, 그를 만난 모든 사람이 그건 인정하는 바다.

무엇보다 지금 건강하지만 일에 미치는 경향이 있어서 그 점을 유의해야 한다. 일에 집중하더라도 건강은 자기가 챙겨야 한다. 그 점만 지키면서 지금까지처럼 일한다면 무난히 구민들의 인정을 받을 것이며, 재선 구청장이 되리라 확신한다.

앞으로 승승장구 해서 동구 발전과 대한민국 발전에 앞장 서 주길 바란다.

동구의 도시 브랜드 '하버시티',
계속 이어나가야

한영숙 (주)싸이트플래닝건축사 대표

도시구조가 변화하려면 산업구조가 변해야 한다. 동구도 마찬가지다. 20세기에는 물류 산업이나 유통업 정도를 하던 곳에서, 21세기에는 해양 관련 산업 및 지식서비스/금융 산업으로 구조가 바뀌어야 한다.

새롭게 변모할 중심지엔 공부방과 대학이 있어야 한다. 그렇게 해서 아이디어가 먼저 형성되고, 그것이 물리적인 실체로 구현되어 정착되어야 한다. 물론 쉽지 않은 일이고, 오랜 시간과 노력이 필요한 일이다. 송도 글로벌캠퍼스, 스웨덴 말뫼대학 등이 모두 도시의 DNA를 바꾸는데 최소 20년이 걸렸다. 나무 한 그루를 심어서 키우는 마음으로 온 도시가 노력해야 하는 것이다. 그런 노력을 해야 하는게 동구와 부산시의 큰 과제다.

개인적으로 동구하고도 그런 마음으로 일을 해왔다. 2006년 1인 기업으로 시작한 이래, 지금까지 부산과 서울 등지에서 다양한 프로젝트에 함께 해왔다.

특히 동구에서는 산복도로 르네상스 산업을 처음부터 같이 했다. '이바구'라는 네이밍을 결정하는 과정에도 함께했다. 산복도로 르네상스때, 방향성에 대한 감을 공유하기 위해 다이어그램을 그렸었는데, 15년이 지난 지금 제법 그 축이 잡힌 상태가 되었다. 내가 어번 코어(urban core)라고 부르는 개념인데, 한 도시가 성장하는 데 있어 필요한 사람과 물자의 교류·순환의 축인 셈이다.

부산 동구 내에 이런 식으로 생겨난 코어가 29개다. 여기에 어반 라운지까지 추가되는 과정이 남았다. 어반 라운지는 어반 축을 중심으로 생성된 일종의 커뮤니티 활동이 가능한 공간이다. 어반 코어가 '점'이라면, 어반 라운지는 '면'이다. 이러한 어반 라운지의 초기 형태가 지금은 부산역 근방엔 어느 정도 형성됐다. 차차 주변으로 더 확산되고 추가되야 바람직한 성장이 이뤄질 수 있다.

동구와 함께 작업하면서 가장 인상적이었던 작업은 동구에 신개념 이름을 붙여주는 일이었다. 도시디자인과 건축을 함께 하는 입장에서 특정 공간의 성격을 부여해주는 네이밍은 매우 중요하다고 생각한다. 우리가 아는 유명 도시들도 대부분 그 도시를 지칭하는 타이틀이 있다. 새로운 이름을 짓는 것은 예전의 우중충한 분위기를 쇄신해서 새로운 것을 품은 도시를 만들기 위한 첫 삽을 뜨는 작업이다.

이런 개념을 김진홍 구청장 취임 전, 후보자 시절에 전달한 적이 있는데, 김 후보께서 매우 금방 이해하셨다. 부산 동구에 위치한 부산항이라는 공간을 불러들여 '하버 시티'Harbor City라는 개념으로 만들었다. '하버 시티'는 구청장 선거 공약의 핵심 키워드가 되었으며, 여전히 동구청에서 브랜드로 사용하고 있다.

사실 김 구청장 이전에도 브랜드 네이밍을 하려는 시도는 있어왔다. 하지만 정권이 바뀔 때마다, 구청장이 바뀌거나 뭔가 새로운 변화를 주려고 할 때마다 도시의 브랜드 역시 바뀌었다. 지금 김 구청장께서는 하버 시티라는 브랜드를 일관되게 잘 사용하고 계신다. 아쉬운 점은 부산시에서 아직 이 네이밍을 공식적으로 사용하지 않아 뭔가 인정을 받지 못한 느낌이라는 것이다. 다만, 동구민들의 인식 속에는 어느 정도 자리를 잡은 것 같다. 동구 앞에 새로 생겨날 광활한 대지에 이 이름을 붙여야 한다는 목소리가 높아져 가고 있다. 무엇보다 중요한 건 마음 속 브랜드로 자리 잡는 것이다. 그러면 다른 산업적인 시도들도 따라오게 된다.

정권이나 정치 당이 바뀔 때마다 이전 구청이나 시에서 했던 일들은 다 부정하며 시작되는 경우가 많았다. 지자체 역시 사람 집단이기에 이해 못할 일은 아니지만, 공동체의 약속으로서 이뤄졌던 것들은 정치적 분위기 변화에 따라 휙휙 바뀌어서는 안 되는 일이라고 생각한다. 김 구청장께선 그렇게 공동체로서 마음이 모인다는 점의 가치를 아시는 듯, 이전 구청장의 정책 중에서도 구민들의 삶의 질을 위해 이어받을 건 이어받으신 것으로 알고 있다. 또 공약을 내실 때부터 실현가능성을 위주로 많은 고민을 하셨다 들었다.

김 구청장께서는 후보자 시절 굉장히 다양한 공약을 내셨다. 생활밀착형 공약부터 도시재생을 위한 공약까지, 많은 부분을 고민하고 자문을 구하신 것이 드러날 정도였다. 그 공약들을 이행하느라 고생하신다고 들었는데, 벌써 공약 이행률이 60%를 훌쩍 넘었다는 얘길 듣고 많이 놀랐다. 다른 사람이 임기 내내 하기도 어려운 부분을 임기 2~3년만에 하신 것을 보면, 그가 얼마나 밤낮 없이 일해왔는지 충분히 짐작이 간다. 다양한 층위의 계획을 온 몸과 마음을 다해 하나씩 해내어 온 구청장의 마음과 체력이 확실히 동구를 조금 더 발전하게 한 것 같다.

그렇게 하기 위해 불철주야 하는 구청장의 모습은 얼른 보아도 확실히 눈에 띈다. 나처럼 동구에 대해 뭔가 안다 싶은 사람들을 알게 되면 찾아와서 자문을 받는 등, 많은 사람에게 협력을 청해서 함께 가신다. 일을 일로써 보는게 아니라 일은 사람이고 사람이 해내는 거라 생각해서, 사람을 중시하는 구청장의 마음을 높이 평가한다.

싸이트플래닝건축사사무소

싸이트플래닝은 도시·건축·디자인을 전공한 사람들이 모여, 살고 싶은 도시가 어떤 도시일지 고민하고 상상하고 꿈꾸는 조직이다.
도시와 사람을 관찰하고, 기록하고, 실험적 사업을 제안하는 등 그 지역에 딱 맞는 그림을 그려가는 작업을 하고 있다. 도시설계, 지역컨설팅, 건축설계, 연구개발, 도시브랜딩 등 분야에서 다양한 작업물을 내고 있다.
· 2006. 10. 싸이트플래닝건축사사무소 설립
· 2015. 03. (주)싸이트플래닝건축사사무소 법인전환
· 2016. 08. 서울사무소 설립(SITEPLANNING PLUS)
· 2017. 10. 기업부설연구소 설립
· 2019. 09. (주)싸이트지니 설립

싸이트플래닝 로고

부산항대교 불꽃놀이

제5장

하버시티 동구의 내일

"오랜 세월 한반도의 관문 역할을 해온 부산 동구,
이제 새로운 북항시대를 맞이해
동아시아-태평양지역의 중심지로 거듭날 것이다."

5-1 　살아 움직이는 역사의 도시, 동구

　　도시는 생물이다. 시대에 따라 변화하고 세월의 흐름에 따라 성숙해간다. 그런 도시의 생명력을 결정하는 것은 사람이다. 도시에 어떤 사람들이 어떤 삶을 살아가느냐에 따라 도시의 모양도, 성격도 바뀐다. 한편 도시도 사람들 삶의 모습을 결정한다. 도시의 입지 조건에 따라 그 곳에서 살아가는 사람들의 문화가 결정된다. 사람은 도시를 만들어가고, 도시는 사람을 만들어가고, 그런 쌍방향의 역동성 가운데 도시와 사람이 함께 성장해 간다.

부산항 바다

한반도 관문 도시 부산, 그 중심의 동구

도시로서 부산의 특징은 무엇보다 '관문(關門)'이라는 단어로 잘 표현된다. 한반도 동남단에 위치에서 태평양을 바라보고는 있지만, 그 드넓은 바다와 직접 맞닥뜨리지 않고 대마도를 사이에 두고 일본열도를 방파제처럼 두른 부산의 지형지리적 조건은 천혜의 항구로서 더할 나위 없는 것이다. 동시에 유라시아 대륙 육로 이동의 기착지로서 바다로 연결되는 지형지리적 조건으로 인해서 바다로부터의 유동성이 육지로 이어지는 출발점이 되고 있기도 하다.

지구온난기인 21세기를 맞아 부산은 더 높은 수준으로 도약하는 계기를 확보하고 있다. 북극해의 빙원이 녹아 바닷길이 열림으로써, 유럽 및 미국과 아시아를 잇는 새로운 뱃길이 열렸다. 유럽 최대의 항만 도시인 로테르담에서 부산까지, 수에즈 운하를 거쳐야 하는 기존의 항로보다 7000킬로미터의 거리, 10일의 운항 시간을 단축하는 통로라는 언론보도도 있었다. 또한 미국 최대 항만도시인 뉴욕에서 파나마 운하를 거쳐야 하는 기존의 항로보다 5000킬로미터의 거리, 6일의 운항 시간 단축이 가능한 통로이기도 하다는 내용이었다.

이 새로운 뱃길이 열어준 시대에서, 부산은 세계적 규모를 갖춘 동시에 어떤 기후변화와 자연재해에 대해서도 비교적 보호를 받을 수 있는 안정적 환경을 갖춘 첫 번째 항구로서의 조건을 갖추고 있다. 아니 그것을 넘어서 글로벌 허브로서 큰 역할을 할 수 있는 지형지리적 조건을 구비하고 있다.

이런 이야기가 처음 매스미디어에 등장했던 10여년 전만 해도, 북극해항로가 열리면 한국, 특히 부산이 크게 혜택을 볼 거라고 세계가 주목했다. 하지만 그때는 아직 항로로서의 조건이 무르익지 않아 경제성에 의문을 던지는 이도 있었다.

하지만 지구온난화가 진전됨에 따라 북극해 항로의 현실성과 채산성 문제는 점점 더 긍정적인 평가로 돌아서고 있다. 시간이 지남에 따라 부산은 그야말로 아시아의 관문으로서, 세계가 점점 아시아로 향하고 있는 21세기를 맞아 글로벌 허브로서 점점 더 부상할 수밖에 없는 천혜의 조건에 맞아 들어가고 있다.

한국 화물선 10일 빨리 유럽 간다…
'물류 초강대국' 성장 찬스

매일신문 2024.11.05

북극항로가 개발되면서 한국은 국가 성장에 매우 중요한 기회를 맞았다. 기존 서방 중심의 세계 무역 흐름이 북극항로 개발로 인해 아시아로 이동하는 대격변이 예고되는 상황에서 한국이 지정학적으로 유리한 위치를 잡고 있기 때문이다.
(중략)
하영석 한국해운항만학술단체협의회장(계명대 명예교수)은 "북극의 해빙기가 가속화해 북극항로를 상시 운항할 수 있는 날이 앞당겨지고 있다. 아시아~유럽 간의 운송거리가 약 30% 단축돼 물류의 혁신이 일어나고 있는 이 항로의 길목을 한국이 선점해 물류 초강대국으로 성장할 기회를 잡아야 한다"고 밝혔다.

출처 : https://www.imaeil.com/page/view/2024110517044680970

    기후변화와 관계없이 부산은 언제나 중요한 관문도시의 역할을 해왔으며, 문물 교류와 교역의 중심지였다. 역사기록이 남아 있는 한 그랬고, 아마 역사 기록에 담기기 이전부터도 그랬을 것이다.

    그 중에서도 핵심은 언제나 동구였다. 북서쪽으로 수정산을 배후에 지고, 남동쪽으로 영도와 남구로 둘러싸여 아늑한 기항지로서 기능할 수 있는 조건은 아주 오래 전부터 사람들에 의해 활용되어 왔던 것이다.

    따라서 동구는 다양한 사람들의 움직임인 역사를 항상 가장 가까이서 목격해왔다고 볼 수 있다. 아득한 전통사회에서부터 시작하여 현재에 이르기까지, 부산항 개항을 비롯해 일제강점기, 해방과 분단 등 역사를 지나오며 쌓은 교류의 흔적이 동구 곳곳에 남아 있다. 1960년대 이후 산업화 과정에서는 부산이 경부성장축의 핵심 도시로 성장하는데 밑거름이 됐다.

자주개항 역사의 상징 부산포

부산항의 전신인 부산포는 살아있는 역사의 현장이다. 공식적인 부산항 개항일은 1876년 강화도조약에 의거한 날짜이지민, 학계와 시민단체는 1407년 태종 7년에 자주적으로 개항한 곳이라는 데 의견을 모은다.

자성대 영가대

부산 동구, 자주개항 620주년 기념
부산포 가치 재조명 학술세미나 개최

대한경제 2024.11.6

이번 학술 세미나는 부산포가 기존의 1876년 강화도 조약 기준으로 한 개항지가 아니라, 1407년 태종 7년에 자주적으로 개항한 곳이라는 역사적 사실을 지역 주민들에게 알리고, 오는 2027년 자주 개항 620주년을 맞아 부산포의 역사적 가치와 상징성을 재조명하는 자리였다.
(중략) 김진홍 동구청장은 "부산포는 자주 개항지로서 그 역사적 의미가 크다. 부산진성, 영가대 등 다양한 역사문화자원을 활용해 부산포 광장을 조성함으로써 부산의 상징성과 역사성을 더욱 강화하고, 부산시민들의 자긍심을 고취하는 데 기여할 것"이라고 밝혔다.

출처 : https://www.dnews.co.kr/uhtml/view.jsp?idxno=202411062253358730141

한일 수교 60주년,
더 특별한 조선통신사가 온다

부산일보 2025.4.21

유네스코 세계기록유산에 등재된 조선통신사행렬이 올해 한일 수교 정상화 60주년을 맞아 특별하게 열린다. 부산문화재단은 오는 25일부터 27일까지 3일동안 부산 원도심(광복로), 북항, 조선통신사역사관, 용호별빛공원 일대에서 2025 조선통신사축제를 연다고 밝혔다. '함께 이어갈 내일'이라는 주제로 진행될 올해 축제는 전통과 현대를 융합한 다채로운 프로그램이 준비돼 있다. 기존 원도심 행사 외에도 1부두, 북항친수공원, 용호별빛공원, 해운대 APEC하우스 등 부산 전역으로 축제장이 대폭 확대됐다.
(후략)

출처 : https://www.busan.com/view/busan/view.php?code=2025041916351357583

조선통신사가 일본과 교류하기 위해 출발했던 장소, 일본 사신을 맞이하기 위해 지었던 영가대 등 역사적 장소들을 따라 걷노라면, 오래 전 선조들의 숨결이 느껴지는 듯하다. 올해는 특히 한일 수교 60주년을 맞이하여 조선통신사 행렬을 재현하는 등 특별한 행사를 마련했다.

부산을 지키는 부산포는 외세가 한반도에 들어오기 위해 반드시 거쳐야 하는 지역이었다. 이 때문에 많은 역사적 시련을 당하기도 했다.

일본이 침략해 올 때에도 가장 먼저 들어오는 곳이 바로 이 곳이었다. 그때 우리 부산의 임진왜란 3대 명장인 부산진성 정발, 동래성 송상현 그리고 다대포진성의 윤흥신 장군과 그들이 이끄는 병사들이 일제 침략에 맞서 싸우다 순직하셨다. 정발 장군의 묘도, 윤흥신 장군의 동상도 모두 동구에 있다.

독립의 역사도 가지고 있다. 독립유공자가 동구에만 36분 정도 계시고, 일신여학교라는 부산 최초의 근대 여성고등학교는 부산, 경남 지역에서 3·1독립만세 운동이 처음 발생했던 곳이기도 하다.

이와 같이 선조들이 피땀 흘려 지켜낸 곳이 바로 부산 동구다. 부산시와 동구는 이러한 부산포의 역사적 정신을 이어받아 이 일대를 시민들의 품으로 돌려주기 위한 노력을 하고 있다.

부산진성 일대의 지역에서는 경부선 지하화, 동천 정비, 북항 2단계 개발, 55보급창 이전 등 도시공간 재구조화가 진행 중이다. 또한 부산시가 수립 중인 부산 공간환

윤흥신장군광장

경전략 계획에 따라 부산진성 일대가 부산포 문화 광장으로 조성될 계획이 세워지고 있다.

  이렇듯 자주와 민족의 상징인 동시에 개방성과 확장성의 의미를 모두 품은 부산포는 여전히 우리의 역사와 함께 살아 숨쉬고 있다. 그런 부산포의 배후지가 바로 행정적으로 동구에 해당되는, 부산포 바다와 수정산 사이의 터전이다.

5-2 | 북항 시대, 부산의 중심으로 거듭날 동구

'주민'을 중심에 둔 부지 개발이어야

'원도심'이라는 명칭이 시사하듯이, 원래는 동구가 부산의 도심이었다. 경제성장과 함께 부산이 팽창함에 따라, 좀 더 공간 여유가 있는 외곽지역이 개발되면서 도심도 이동했지만, 예로부터 사람이 많이 살았던 곳이 되었던 데는 다 이유가 있다.

부산이 새로운 동아시아 내지 글로벌 차원의 물류 중심지로 각광을 받기 시작하면서, 오랜 세월 다양한 변화를 견디고 중심지로서 작용해왔던 원도심, 즉 동구의 지정학적 의미가 새롭게 조명을 받기 시작하고 있다. 북항 개발과 함께, 동구의 인프라 개선 움직임이 본격적으로 시작되는 것이다. 이는 아주 오랜 옛날부터 항구 도시 부산

북항 재개발 사업

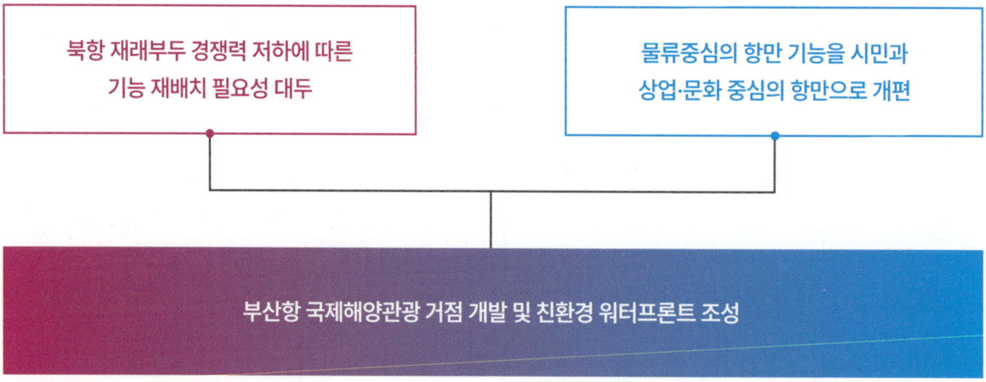

| 북항 재래부두 경쟁력 저하에 따른 기능 재배치 필요성 대두 | 물류중심의 항만 기능을 시민과 상업·문화 중심의 항만으로 개편 |

→ 부산항 국제해양관광 거점 개발 및 친환경 워터프론트 조성

출처 : 부산항만공사 북항재개발사업 홈페이지

의 중심지였던 동구가 미래의 비전으로 힘차게 도약함을 의미하는 것이기도 하다.

북항 개발은 예산 규모가 최대 20조에 달할 것으로 평가되는 메가 프로젝트이다. 이런 프로젝트에는 무엇보다 앞서 개발의 철학, 혹은 이 개발이 내세우는 '미래 비전'의 키워드 같은 것이 사회의 공감대를 충분히 형성해야 한다고 생각한다. 나는 그것이 '그곳에 살고 있는 사람들의 삶의 질을 개선하는 것'이라고 생각한다.

앞서도 말했지만, 도시는 천혜의 입지조건, 기타 환경여건과 동시에 그곳에 살고 있는 사람들의 삶에 의해 규정된다. 따라서 아무리 외부에서 결정이 나고 외부의 자금이 들어와서 행해지는 사업이라 할지라도, 이미 그곳에 터를 잡고 사는 사람들의 편의와 복지가 외면된다면 그 프로젝트는 결국 겉돌게 되고 말 것이다.

그런 의미에서 북항 개발의 일환으로서, 혹은 부대 사업으로서 동시에 진행되는 다양한 과정들이 동구 구민의 삶의 질 향상에 도움이 될 수 있는지 살피는 것을 제1의 과제로서 생각하고 있다.

동구 구민의 삶의 조건을 개선하기 위해서는 무엇보다 협소한 주거 공건으로 인한 불편을 해소해야 한다. 동구는 뒤로는 수정산, 앞으로는 부산항이 배치된 천혜의 교통 요지이며 항만 도시이지만, 21세기에 걸맞는 대규모 경제활동을 담는 틀이 되기엔 평지의 규모가 작다는 점이 그동안 발전의 걸림돌이 되어 왔었다.

하지만 한정된 자원도 어떻게 쓰느냐에 따라 결과적으로 엄청난 차이를 보일 수 있다. 다행히 북항 재개발이 시작되고, 동구 범일동 소재 미군 보급창(총 6만8천평 규모)이 이전하는 문제가 시 차원에서 추진되고 있다. 어려움이 산적해 있는 난제이지

"바다 품은 북항 야구장, 부산 넘어 한국의 스포츠 랜드마크 될 것"

부산일보 2025.5.7.

'북항 야구장' 건립을 촉구하는 시민사회의 목소리가 터져 나오고 있다. 북항 야구장 추진은 멋진 야구장을 바라는 스포츠 팬심을 넘어, 동서 격차 해소와 성장 도약 확보 등 부산의 미래를 위한 투자로 봐야 한다는 게 이들의 주장이다.

북항 야구장 건립은 협성종합건업 정철원 회장의 2000억 원 기부 약속(부산일보 4월 30일 자 1면 등 보도)에 이어 조기 대선 정국과 맞물리며 지역의 '뜨거운 감자'로 떠올랐다. 국민의힘, 더불어민주당 내부에선 대선 공약화하는 움직임이 진행되고 있다.

최동원기념사업회 강진수 사무총장은 "하늘에만 떠 있다고 별이 아니다. 길을 밝히고 꿈이 되어야 별이다. 이게 최동원 선수가 남긴 말이다"며 "북항 야구장은 원도심 아이들의 미래를 밝히고, 부산의 자존심을 찾아줄 별이 될 것이라고 확신한다"고 말했다.

출처 : https://n.news.naver.com/article/082/0001324674?sid=102

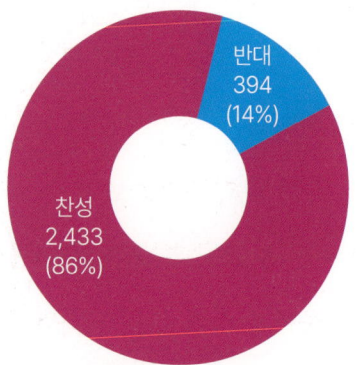

북항 바다야구장 건립 설문조사 결과

'북항야구장 건립 찬반'을 주제로 2025년 5월 12일부터 5월 18일 7일간 동구 거주자 및 직장인들을 대상으로 하여 온라인 설문조사를 실시하였다.

그 결과 동구 주민 참여자 1793명 중 89.9%인 1613명이 찬성 의견을 보였다.

만, 첫 단추부터 차근히 여며가면서, 동구의 발전에 가장 도움이 되는 방식으로 풀어 나가려 하고 있다.

동구의 경우에는 안전하고 효율적인 공간을 확보하고 주거환경을 개선하는 것이 급선무라고 볼 수 있다. 지금까지 동구의 평지는 대부분 공공시설로 인해 접근하지 못하는 땅이었으며, 주민들의 거주지는 경사가 높은 땅으로 한정되어 현대의 생활 편의 인프라면에서 배제되어 왔기 때문이다.

지금까지는 부산항은 항만 시설로서 일반인들이 자유롭게 출입하며 활용할 수 있는 공간이 아니었다. 하지만 인공구조물을 이용해 항만 시설을 좀 더 바다 쪽으로 내고, 안정된 육지 공간을 문화 관광 시설을 구축함과 동시에 동구민에게도 그 혜택이 돌아갈 수 있게 한다면 많은 공간이 확보될 수 있을 것이다. 또한 철도를 지하화함으로써 엄청나게 넓은 부지가 동구의 자산으로 활용될 수 있을 것이다.

이와 같이, 거국적인 메가 프로젝트라 하더라도, 그 공간에 살고 있는 사람들의 편의와 복지라는 키워드에 초점을 맞추어 진행할 때 그 프로젝트의 효과가 극대화된다고 나는 믿는다.

마음을 살피는 현장형 지도자가 될 것

북항 재개발 사업 뿐 아니라, 구정(區政)의 모든 분야에서 그런 자세로 임하고 있다. 구청장으로서 가장 중요한 것은 구민 한 분 한 분 삶의 질을 높이는 것이다.

이를 위해선 정책을 입안하고 시행할 때 그 정책이 주민의 눈높이에 맞는가, 실제로 시행했을 때 뚜렷한 효과가 있는가 하는 점을 면밀히 살펴봐야 한다.

지자체가 나름 주민을 위해 노력해서 뭔가 했다 하더라도 해놓고 나서 흐지부지 되어버리는 일도 많고, 심지어 실제로 주민들의 반감을 사는 결과를 낳는 일도 많다.

내가 시의원이던 시절의 일이다. 과거에 복개되어 있던 초량천의 일부분을 해체하고 생태하천으로 만드는 사업이 부산시에 의해 시행되었던 당시의 일이다. 동구청에서는 그렇게 조성된 공원 공간에 조형물을 세우기 위해 공모사업을 펼쳤다.

그 결과 확정된 조형물은 '초량살림숲'이라는 이름의 조형물이었다. 옛날 가정에서 쓰던 냄비 등 주방기구와 식기를 조합해서 탑으로 쌓은 것이다. 동구민들의 삶의 애환을 담은 작품으로, 작품으로서 가치는 상당히 높았을지 모르나 동구 주민들의 마음을 사는 데에는 실패했다.

이 조형물이 초량천 입구에 설치되자, 동구 주민들 사이에서 반대여론이 들끓었다. 안 그래도 동구가 노후주택도 많고 노령화가 뚜렷한 곳인데, 옛날에 가난하게 살던 시절의 물건을 모아가지고 동구 대표 조형물이라고 내세우니, 동구 주민들의 자존심을 건드린 것이다.

구청장 선거 준비를 하면서 이 조형물의 철거를 공약으로 내세웠다. 주민들은 열띤 호응을 했고 시장에서 만나는 주민들마다 "흉물스러운 탑 좀 철거해달라"며 얘기를 해왔다. 하지만 막상 조형물을 철거하려 보니 말처럼 쉬운 일이 아니었다. 정당한 방식으로 공모전에 선정된 조형물이었기 때문에 저작권 등의 문제로 함부로 철거하기 어려운 상황이었다. 이 작품의 작가 역시 철거할 수 없다며 팽팽히 맞섰다.

하지만 아무리 좋은 작품이라 하더라도, 공공조형물인 이상 그 공간에 사는 주민들의 입장을 보호하는 것이 내게는 최우선이었다. 어려운 상황 속에서 작가와의 의견 조율을 통해 다른 곳으로 이전하기로 극적 타결했다. 이 일로 주민들에게 고맙다는 인사를 많이 들었다.

주민의 입장에서 생각하고 접근하는 태도는 내가 구청장으로서 활동하는 데 큰 힘이 됐다. 새마을금고 재직 시절 주민들의 다양한 민원 해결에 도움을 주던 경험을 통해 주민들이 사는 실정을 파악할 수 있었고, 이어 구의원, 시의원을 거치면서 서민들의 밑바닥 마음을 잘 헤아리는 연습을 할 수 있었다.

마음 헤아리기. 결국 이게 가장 중요한 것 아닐까. 정치·행정이란 높고 고매한 이상을 펼치는 것이라기 보단 시민을 위한 것 아닐까라는 생각을 종종 하게 된다. 시민 한 사람 한 사람의 눈높이에 맞지 않는 행정은 공감을 받지 못한다. 이런 공감대가 없는 행정은 공무원 사이에서 탁상공론에 머물고 만다.

"골목길에서 세계가 보인다"

공무원은 현장을 중심으로 해야 한다. 나부터 그래야 한다. 이 길에 들어선 뒤 나름대로 발로 뛰며 사람들의 목소리를 들어왔다고 자부한다. 지역 구석구석까지 다니면서 현장의 상황을 파악해왔기 때문에, 구청 직원이 자료나 민원을 갖고 오면, 그게 구민들이 평소에 애로를 느끼는 부분인지 아닌지 금방 알 수 있다. 그 덕분에 지

범일골목시장

금까지 큰 문제없이 구정활동을 해올 수 있었다고 생각한다.

 구청도 궁극적으로는 구민들이 내는 세금으로 운영되는 기관이며, 구민들을 위해 그 세금을 집행하는 기관이다. 그러니까 구민의 돈으로 구민의 살림을 해주는 것이다. 귀한 구민의 돈을 책임지고 활용해야 하는 입장인만큼, 낭비 없이 효율적으로 활용해야 한다.

 그러려면 시행착오가 적어야 하고, 또 그러려면 현장을 많이 알아야 한다. 지자체단체장이 절대적으로 현장을 많이 알아야 하는 이유다. 내가 구·시의원으로서 활동하면서 오토바이 타고 지역을 다니며 봐오던 것이 쌓여, 구청장이 되어 정책하는 데 밑거름이 되었듯 말이다.

세부사항에 충실하다 보면, 또 작은 문제 하나라도 '제대로' 해결하려고 노력하다 보면, 그야말로 "골목길에서 세계가 보인다." 작은 규모의 일이라도 도시 전체, 국가 전체, 세계 전체의 일부로서 서로 연결되어 있다는 사실을 깨닫게 된다.

그래서 더 부지런히 뛰게 된다. 구민 한 사람 한 사람의 삶의 질을 높이기 위해서는 더 큰 협상 테이블에서도 구민들에게 좀 더 많은 혜택이 돌아갈 수 있도록 노력해야 하기 때문이다. 그러기 위해서는 더 넓은 세상이 돌아가는 사정도 파악해야 한다.

동구에서 출발하여 주변의 공간을 통합하면서 시선을 넓히면, 그리고 동구의 현재에서 출발하여 과거와 미래의 흐름을 쭉 연결해서 보면, 다양하고 무한한 잠재적 자원들이 보인다. 그 자원들을 끌어당겨 동구민들의 삶을 획기적으로 개선할 수 있는 방법들도 보이는 것만 같다.

5-3 | 구민과 함께 만드는 동구의 미래

젊은 세대 유입되는 지속가능한 공간 확보 필요

동구가 앞으로 나아가야 할 방향은 무엇일까.

우선 젊은 층이 들어오는 지속가능한 공간이어야 한다. 동구는 북항재개발 지역의 핵심이다. 그런데 현재까지 정부에 의한 북항 재개발 사업 구상 속의 동구와 이 지역에 살고 있는 주민이 인식하는 동구에는 편차가 있는 것 같다.

정부 구상은 바다 쪽에 면한 북항 재개발 지역을 중심으로 '동구'라고 파악하고 사업을 추진해온 편이다. 주민들은 산복도로를 중심으로 실질적 주거지가 형성된 공간만을 동구라고 인식하고 있다.

그 공간 인식의 편차에는 뚜렷한 물리적 경계선이 있다. 동서로 평지를 가로지르는 철도가 그 경계선을 만든다. 동구를 바다에 면한 지역으로 인식하는 정부, 산에 면한 지역으로 인식하는 주민 사이의 뚜렷한 편차는 얼핏 극복되기 어려운 것처럼 보인다.

정부가 추진하는 북항 재개발 지역 속 동구는 지금까지 항만 교역 전문 공간으로 일반인들과는 상관없이 주로 산업적인 용도로만 쓰이던 공간이다. 어떤 기후 악조건에도 평온함을 유지하고 있는 지형지리적 조건으로 무한한 가치를 품고 있는 공간이지만, 그렇게 산업적으로 삭막하게만 쓰이다 보니, 그 가치를 제대로 살리지 못했다. 공간 활용면에 있어서 낭비가 심했다.

주민들의 인식 속 동구는 정 많고 인심 좋은 곳이지만, 원도심으로 노후화된 지역으로 여겨지고 있다. 이렇게 인식되고 있는 데는 당연히 그럴 만한 이유가 있다.

한국전쟁 당시 엄청난 수의 피난민들이 낙동강 이남인 부산으로 몰려들었다. 그러면서 주거 공간이 갑자기 확장되었는데, 당연히 사람 살기 좋은 곳은 바닷가보다는 산자락이다. 동구에서도 수정산에 무허가 판잣집에서부터 시작해서 집이 지어졌고, 평지에 쓸 만한 땅이 제한되어 있다 보니 주거지가 위로, 위로 올라갈 수밖에 없었다. 그러다가 산복도로가 형성되고 전기와 상하수도가 들어가고 하게 되면서 이곳의

명란브랜드 연구소 옥상전망대에서 본 동구

집들도 모양새를 갖추게 된 것이다. 그래도 아직까지도 이 구역에는 제대로 된 도로가 없고 경사가 급해서 접근성이 현저하게 나쁜 주택들이 많이 있다.

　무엇보다 이렇게 불편한 곳에서는 젊은 사람들이 살지 않는다. 1980년대와 90년대, 현재 수영구와 해운대 신도시를 필두로 부산 외곽, 넓은 부지를 확보할 수 있는 곳으로 대규모 아파트 단지가 형성되기 시작한 이래, 젊은 층 중에서 소득과 신용이 좀 있어서 아파트 분양·매입·전월세 자금을 마련할 수 있는 사람들은 모두라고 해도 과언이 아닐 정도로 빠져나갔다. 젊은 사람들로서도 가정생활과 자녀양육의 편의성을 위해 그런 선택을 하는 것이 당연했을테다.

젊은 층이 살지 않은 곳에는 미래가 없으며 도시로서의 지속가능성이 없다. 가치 있는 삶의 공간으로서 도시를 형성해가려면 젊은 층들을 확보해야 한다. 그러기 위해서는 아파트를 지을 공간을 확보하고, 그 인근에 생활·교육·문화 시설을 구비하려는 노력을 해야 한다. 나의 구정 목표 1순위인 동구 주거환경 개선은 이런 문제의식에 기반한 것이며, 이는 또한 동구 주민 열망의 1순위이기도 하다고 확실히 말씀드릴 수 있다.

망양로 벚꽃

지금까지 동구에서는 발전 모티브가 없어서 침체만 계속되었다. 그런데 정부에서 북항재개발을 하면서, 도시 기능 재배치 차원에서 항만 관련 산업적 시설을 외곽으로 이전하고 도시를 정비하고 있다. 때문에 동구의 주거환경도 개선되어 인구, 특히 젊은 인구가 유입할 수 있는 여건이 조성되고 있다. 이에 따라 주택재개발이 일어나서 적극적으로 추진되고 있는 중이다.

현재로선 산복도로보다는 평지 위주로 재개발이 이뤄지고 있지만, 서서히 산복도로로 연계되어갈 것이다. 그 기폭제가 될 수 있었던 것이 최근에 성사된 망양로 고도 개발제한 해제 조치다.

망양로는 산복도로 중 가장 교통량이 많고 연장거리가 긴 대표적인 도로다. '망양로(望洋路)'라는 이름에서 알 수 있듯이, 높은 산 중턱에 형성되어 이어지기 때문에 바다를 한 눈에 보면서 달릴 수 있는 아름다운 길이다.

그런데 바다만 보이는 게 아니라 부산시 상당부분을 다 내려다 볼 수 있기 때문에 과거에는 조망권 보호차원에서 건물을 지을 때 고도제한 규정을 지켜야 했다. 이런 상태가 50년간 지속되어, 망양로 주변에는 높은 건물이 들어설 수 없었다.

북항 재개발 사업과 동시에, 그 사업지역 내에 초고층 건물도 들어서서 조망권 자체가 의미 없어진다고 해서 이 높이제한을 풀어 달라는 요청이 밀려들었다. 그 결과 망

고지대 주거재생

양로 고도지구 높이제한이 일부 완화되었다. 아직 조망권 살아있는 지역은 제한을 그대로 유지하고, 북항 재개발로 인해 어차피 조망권이 훼손될 지역만 고층 건물을 지을 수 있도록 규제가 개선된 것이다.

  이런 지역에서도 앞으로 전반적으로 인구가 유입되게 될 것이다. 그럴 경우 지역 주민들이 좀 더 쾌적한 생활을 할 수 있도록 구청에서 전력을 기울이고 있다.

고지대 주거 재생과 북항 재개발 사업 시너지 효과

동구 중에서도 고지대 주거지는 상하수도, 도로, 계단 등 도시 인프라면에서 대단히 열악한 상황이다. 세부적으로 이곳저곳 손을 댄다 해도 크게 효과도 나지 않을 뿐 아니라 전체적으로는 더욱 환경이 악화될 가능성도 있다.

따라서 이런 지역은 정부 차원에서 도시재생 공모사업 같은 과정을 통해서 전체적인 그림을 갖고 접근해야 한다고 생각한다. 주택 리모델링, 상하수도 개선, 도로 확장, 계단 수선 등을 통해 지역 주민들이 조금 더 편리하게 살 수 있는 정주여건을 마련해 주어야 한다.

북항 재개발 사업과의 연계로 경제 시너지 효과 역시 증대시킬 수 있다. 북항 재개발 사업은 경제적 파급효과가 32조원에 육박하는 것으로 추산되는 메가 프로젝트다. 기반시설 공사를 위주로 하는 1단계 사업은 완성되어 있으며, 민간 자본을 끌어들여 상업·MICE·문화 시설을 구축하는 2단계 사업이 진행 중이다.

이 모든 게 완성되면 우리 동구는 동북아 최고의 문화 교류 공간에 위치한 베드타운이 될 것이다. 북항 지구에 고급인력이 상주하게 되면 이들의 로지스틱스 문제는 제일 가까운 동구에서 제공하는 것이 효율적이기 때문이다.

따라서 북항 재개발 사업의 추이를 항상 모니터링하면서 우리 동구도 거기 연계해서 어떻게 대응해야 할지 모색하는 노력을 늦추지 않아야 한다.

공간의 구분을 넘어서서 통합된 해양관광도시로

얼마 전 정부에서는 부산-부산진역 철도를 지하화하기로 확정했다고 발표했다. 그렇게 되면 약 11만평의 부지가 도심 한 가운데, 최고의 가치가 있는 위치에 형성되는 것이다. 이 곳에 여러 기반시설이 조성되면 동구는 아주 쾌적하며 발전된 도시로 거듭날 수 있을 것이다. 부산역과 더불어, 우리 동구가 발전하는 데 있어서 중요한 상승 동력으로 작용할 수 있을 것이다.

앞서 북항지역과 동구 원도심 지역을 가로막는 경계선인 철도로 인해, 행정적인 것은 물론 그에 앞서 인지적 측면에서 발전의 장벽이 존재한다고 말했다. 부산-부산진역 구간 철도 지하화는 이런 장벽을 허물게 될 것이다. 산기슭 공간과 바닷가 공간이 아우러지며 동구가 부산의 중심지로서 과거의 영광을 되찾게 될 뿐 아니라 미래의 동북아 중심, 나아가 세계적인 해양관광도시로 비상하게 될 것으로 본다. 향후 10년 내지 20년 사이에 도시가 완전히 탈바꿈할 것이다.

그동안 동구 발전의 걸림돌이 되어 왔던 여러 문제들도 상당히 해소되었거나 해소되어가는 과정에 있다. 북항 재개발, 부산-부산진역 구간 철도 지하화, 미 55보급창 기지 이전, 산복도로 고도 제한 완화…. 어느 것 하나도 해결은커녕 완화하기도 쉽지 않았던 문제들이다. 특히 동구 내 철도의 지하화는 생활터전을 양분하는 철도가 생긴 지 109년 만에 구민들 숙원이 이뤄지는 것이라고 말해도 과언이 아니다.

이 모든 일들이 구청장으로서 나의 재임기간 중에 실질적인 해결 속도가 붙기 시작했다는 점에서, 지자체 단체장으로서 보람을 느낀다. 아직 이해관계가 복잡하게 얽혀 있고, 다 해소되어 하나의 온전한 동구로서 재탄생하려면 아마도 10년이나 20년까지도 걸릴 수 있는 사업이긴 하다.

하지만 이미 동구의 발전 방향에서 큰 윤곽은 정해진 거나 다름이 없다. 여기에 더해서 우리 동구를 사랑하는 모든 사람이 하나의 마음으로 노력한다면, 동구는 정말 살기 좋으면서도 현대문명의 최첨단을 걷는, 세계의 모든 사람들이 찾는 도시가 될 것이다.

이를 위해 각계 전문가들을 모아서 미래의 청사진을 다시 그리고, 정치권 및 중앙정부에도 협력과 지원을 요청하며, 다양한 이해관계에 있는 사람들을 설득해가야 할 것이다.

222 헬멧 쓴 구청장

부산항 일출

제5장 하버시티 동구의 내일 223

에필로그

'거거거중지(去去去中知), 행행행리각(行行行裡覺).'
"가고 가고 가다 보면 가는 도중에 알게 되고, 알게 된 대로 행하고 행하고 행하면 그 행함 속에서 스스로 깨우친다."

동구와 함께 성장해온 지난 3년 가까운 시간은 내게 있어 끝없는 배움과 깨달음으로 가득했다.

그동안 우리 동구는 '노인과 바다'라는 자조 섞인 별명이 붙을 정도로 노인 인구 비중이 높고, 각종 개발 제한과 원도심 노후화로 인해 이렇다 할 대표 산업이 없었던 게 사실이다. 경사가 급한 산지를 끼고 있는 지형적 여건은 도심의 성장에 다소 불리하게 작용했다. 그렇다 보니 동구의 재정자립도가 낮아 발전에 큰 어려움을 겪었다.

이런저런 이유로 우리 동구 지역 주민들에게 많은 혜택이 돌아가지 못한 측면이 있다. 산복도로 아래에 사는 주민들은 상하수도나 공공시설물 등 도시의 제반 시설을 사용함에 있어서 특히 어려움을 겪었다. 이곳 주민들께서는 원치 않는 상대적 박탈감

재개발사업을 통해 시민들의 품으로 돌아온 북항

을 많이 느끼셨을 테다. 도시 행정을 하는 입장에서 늘 안타깝게 생각하고 최우선으로 개선하려고 하는 부분이었다.

구청장으로 도전하면서 제 1의 목표로 내세운 것이 바로 우리 구민들의 주거환경을 고르게 개선시키자는 것이었다. 거시적인 산업 개발도 물론 중요하지만, 지금 당장 구민들의 피부에 와 닿는 문제들을 해결하는 것이 필요한 시기였다.

구청장이 되고 나서부터는 우리 주민들의 삶의 질과 직결된 문제를 해소하고 주거

편의성을 향상시키기 위해 노력을 다했다. 나의 구정(區政) 슬로건 "북항시대 동구, 꿈을 현실로!" 역시 구민들이 꿈꿔오던 발전된 삶, 동구라는 주거지에 자부심을 느낄 수 있는 삶을 현실화해 보자는 데에서 나온 것이었다.

이제 우리 동구가 정말로 꿈을 현실화할 수 있는 기틀을 마련했다. 반백년이 넘도록 묶여 있던 산복도로 인근 고도 개발제한이 일부 완화된 것은, 그런 점에서 기념비적인 일이라 생각한다. 개발제한으로 인해 낙후된 주거지에 제대로 손도 못 댄 채 지내야 했던 구민들에게 숨통을 틔워줄 수 있게 됐다.

북항을 부산 시민들의 품으로 돌려주기 위한 재개발 사업이 정상적으로 추진되어가는 중에 더해진 부산역~부산진역 구간 철도 지하화 사업의 시행 확정 소식은 동구의 발전 모멘텀에 더욱 큰 힘을 실어주었다. 철도로 둘로 나뉘었던 동구의 대지가 통합됨으로써 부산시의 중심지로 다시 거듭날 수 있는 가능성을 심어주었다.

이제 물리적인 여건은 하나 둘 갖춰가고 있다. 시간이 다소 걸리겠지만, 하나하나 중요 포인트들을 만들어 낸다면 동구 주민들은 지역 주민으로서의 자부심을 충분히 느끼며 이에 응당한 거주의 혜택을 누리고 살 수 있게 될 것이다.

'하버시티' 동구라는 도시브랜드의 가치가 서서히, 그러나 분명히 높아지고 있다. 우리 구민들 역시 동구가 변하고 발전하고 있다는 확신을 가지고 있다.

이 책은 내가 쓰는 첫 책이다. 나의 이야기, 동구의 이야기를 담기 위해 내가 살아온 시간들을 되돌아봤다. 부산시 동구 구의원으로 처음 정치에 발을 들인 이후 앞을 향해 달리기만 했던 날들이었다. 일적으로 후회없이 열심히 살아온 인생이었다.

모든 일이 처음 계획했던 대로 순탄하게 흘러온 것만은 아니었다. 앞에 나의 이야기에도 썼듯, 시대의 변화로 인해 준비했던 미래가 어그러지기도 했고, 나의 선택으로 인해 기존에 쌓아둔 경력을 버리고 완전히 새출발을 해야했던 적도 있었다. 가장 오래 근무하게 된 새마을금고에서 일하면서부터는 지역 주민들과 밀접하게 교류하며 상대할 수 있는 시간을 보냈다.

정치인의 길은 어느 날 갑자기 내 눈앞에 나타난 선택지였다. 직선 코스인 줄 알았는데 갑자기 옆으로 꺾이는 큰 도로가 나타난 느낌이었다. 인생은 늘 내게 깜짝 놀랄 만한 선택지들을 불쑥 내밀곤 했다.

그럴 때면 어김없이 나는 새로운 도전을 선택했다. 정치인으로서의 도전 역시 그랬다. 정치 그리고 정치인의 역할의 중요성은 일찍부터 체감하고 있었다. 정치라는 것이 생활과 먼 것 같지만 사실 우리 생활에 크고 작은 영향을 주는 것임을 알고 있었기 때문이다. 어떤 제도를 개선함으로써 그것이 국민 생활에 영향을 미치는 사례를 많이 봐왔기 때문에 처음부터 나는 거대한 사명감을 가지고 일해왔다. 그 소신은 지금도 변함없다.

일상적인 성실함의 힘은 정말로 크다. 매일 매일을 그저 열심히 하다보니 지금의 자리까지 오게 되었다. 대학생 때에도, 직장 생활을 할 때에도 나는 현실에 그저 안주한

적이 없었다. 감정평가사 자격증, 경영지도사 자격증, 공인중개사 자격증. 무선통신기사 자격증까지 보유하고 있다. 늘 자기계발을 하기 위해 노력해왔다.

생활체육을 꾸준히 해오고 있는 것 역시 자기계발의 차원이다. 정치하는 사람은 기본적으로 체력이 뒷받침되어야 한다. 내가 힘이 있어야 열심히 일 하고 발로 뛸 수 있는 것이니까 말이다.

오랫동안 마라톤과 배드민턴을 해왔다. 특히 마라톤은 시작한 지 벌써 한 25년이 되었다.

마라톤은 인생을 닮았다. 장거리 코스를 혼자 달려야 하며 위기의 순간이 와도 다른 누구에게 의지해서 뛸 수 없다. 코스를 완주하거나 중도 포기하거나. 모두 나의 선택에 따르는 것이다.

체력과 정신력을 극한의 상태까지 몰아 부치며 속도를 내어 달리다 보면, 복잡했던 생각이 자연스럽게 정리된다. 숨이 턱까지 차오른다. 더 이상 뛰었다가는 숨이 끊어질 것 같다는 생각이 들 정도다. 그럴 때, '그래, 내가 어디까지 뛸 수 있나 보자', '내가 어디까지 견딜 수 있나 보자'란 마음으로 계속 뛰어본다.

그러다 어느 한계점에 도달하게 된다. 35킬로미터 구간에 도달하면 모든 체력이 방전된다. 그때부턴 평소 해오던 훈련을 바탕으로, 그야말로 정신력으로 뛰는 것이다. 이때 몸이 붕 뜨는 듯 굉장히 가벼워지는 것을 느낀다. 두 다리의 감각은 이미 사라진 지 오래다. '러너스 하이(runner's high)', 운동 중 느끼는 행복감이다.

그저 지금까지 뛰어온 그 경험을 믿고 달리는 마지막 7킬로미터가 마라톤의 묘미다. 우리 인생에 있어서도 어려움이 있을 때, 마지막 고비를 차고 넘어가는 힘은 무슨

마라톤 완주한 김진홍 구청장

대단한 슈퍼 파워가 아니다. 평소에 해오던 일상의 힘. 늘 해오던 대로, 늘 그래왔듯이, 머리를 비우고 몸에 힘을 뺀 채 마지막 지점을 넘어간다. 아니, 그래야만 넘어갈 수 있는 것이다.

끈기와 성취감, 그리고 일상적 꾸준함의 힘. 내가 마라톤을 달리며 얻은 인생의 교훈이다. 극한의 상황에서도 결국 이겨낼 수 있다는 것. 나는 마라톤을 달리며 인생에 대한 많은 깨달음을 얻는다.

배드민턴도 한 15년 정도 쳤다. 배드민턴은 마라톤과 반대로 여럿이 함께 하는 운동이다. 배드민턴은 동구 안의 동호회에서 구민들과 어울려 활동했다. 마라톤에 비해 짧은 시간 동안 집중적으로 하는 운동으로 땀을 쏙 빼는 게 매력적이다. 스트레스가 모두 풀리는 기분이다. 나는 아직도 골프는 제대로 쳐 본 적이 없다. 골프보단 땀을 흘리며 뛰는 운동이 내게는 제격이다. 특히 배드민턴 공에 스매시를 때릴 때, 그 기분은 말로 다 표현하지 못한다.

운동은 체력 활동도 되지만, 내게는 구민들과의 또 다른 소통창구다. 함께 어울려 땀을 흘리면 공동체 의식도 생기고, 이런 저런 얘기를 나누다 보면 자연스럽게 우리 동구가 어떤 점이 부족한 지, 어떤 점을 구민들이 만족해 하는지 등을 알 수 있다.

이런 이유로 나는 나뿐만 아니라 우리 구민들에게도 늘 생활체육을 권한다. 또 구청장이 되고 나서부터 공공 생활체육시설 등을 보급하고 개선하는 등 각별히 신경을 썼다.

나는 도전에 대해 '불안하다', '실패하면 어쩌지' 이런 생각을 해본 적이 없다. 어느 편이냐 하면 오히려 도전을 선호하는 편이다. 어떤 도전이든 나에게 크고 작은 '경험'을 남겨주기 때문이다. 그 경험들이 쌓여 나의 자산이 되고 새로운 일에 도전할 수 있는 '용기'가 되었다.

의원 생활을 하면서, 또 단체장 활동을 하면서 남에게 한 점 부끄럼 없이 일해왔다고 자부한다. 무슨 일을 하던 간에 자기 자신에 대한 소신이 없으면 일을 제대로 추진하기 어렵다.

살면서 나의 소신은 일단 정직해야 한다는 것이었다. 특히 정치인으로서 첫째는 정직해야 한다는 것이다. 청렴함과 진솔함은 내게는 만고의 원칙이다. 이런 나의 성격으로 인해 때론 불편함을 느끼기도 했다. 적당히 맞춰주고, 적당히 편의를 봐주는 게 당장은 몸도 마음도 편할 때가 있으니 말이다.

어둠 속에 꽁꽁 숨겨둔 보석이라도 보석의 값진 가치는 사라지지 않는

동구민의 생활체육과 늘 함께 하는 김진홍 구청장

다. 결국 정직함은 빛을 발한다.

이 정직함의 힘은 약자를 위해 발휘되야 한다. 정치란 결국 약자를 위한 것이기 때문이다. 사회적 강자, 지도자층, 부자들은 스스로를 보호하는 법을 익히 알고 있다. 나와 같이 행정하는 사람들은 약자를 최우선으로 두고 일해야 한다. 적어도 나는 그렇게 생각한다.

구청장으로서의 소임을 시작한 지 3년차. 숨가쁘게 앞으로만 앞으로만 달려가다 잠시 시간을 내어 멈춰보니 눈에 걸리는 것이 하나 있다. 가족들이다. 정치 생활을 오래 하다 보니 가족에게 많은 시간을 쓰지 못했다.

두 가지 이상의 일을 모두 제대로 하기란 힘든 것 같다. 이런 이유로 나는 정치활동을 하는 동안 일체 겸업 활동을 하지 않았다. 내가 구·시의원을 하던 때엔 법적으로 겸업이 가능했다. 오전엔 생업활동을 하고, 오후엔 의원활동을 해도 누구도 뭐라고 할 사람이 없었다. 하지만 나는 그렇게 해서는 안 된다고 생각했다. 주민들을 위해 구·시의 활동을 하겠다 마음먹었다면 시간과 에너지를 올인해야 한다고 생각했다.

겸업을 스스로 포기함으로써 경제적으로도 많은 것을 포기해야 했다. 우리 가족들은 내가 정치활동을 하는 동안은 조금 빠듯하게, 더 검소하게 살아야 했다.

우리 가족에겐 아빠로서 남편으로서 한없이 미안하고 부족하다. 바깥 일을 한다고 바쁜 지아비를 대신해 아이들을 훌륭하게 키워준 아내의 자리가 더욱 더 크게 느껴진다. 그런 엄마의 사랑을 아는지 훌륭하게 자라준 아이들이 못내 대견하다.

앞으로 더 큰 도전이 기다리고 있을지도 모르겠다. 그 도전이 반드시 더 높은 곳을 향하는 것은 아닐 수 있다. 잘 내려오는 것 역시 인생에 있어 매우 중요한 도전 중 하나이니까.

　백세시대에 건강에 문제가 없으면 여전히 활발하게 활동할 수 있다고들 하지만, 젊은 세대를 위해 자리 물림을 해주는 것이 기성세대의 의무라고 생각한다. 새로운 세대가 어려움 없이 자리를 이어받을 수 있도록 자리를 잘 닦아 놓고 물러나는 것 말이다.

　모든 일에 있어 스스로 물러나야 할 자연스러운 시점이 있다고 생각한다. 상황적인 요구가 맞아 들어간다면, 그 요구에 응답할 수 있어야 한다. 내게 기회가 주어지는 동안은 최선을 다하되 물러남 역시 명예롭게 행하자는 마음이다.

　정치는 생물이라, 환경의 흐름이 내 의도와 달리 바뀌어 버릴 수도 있다. 거친 풍랑 속에도 살아남는 방법은 몸에 힘을 빼고 물결의 흐름에 몸을 맡기는 것이다. 몸에 힘을 잔뜩 주고 살려고 욕심내고 발버둥치면 그나마 있던 힘마저 빠르게 소진되고 만다.

　격변의 시기다. 긍정적 흐름도 있지만 부정적 흐름도 섞여 휘몰아치고 있다. 그저 묵묵히, 남들보다 조금 더 부지런하게 물 아래 물장구를 치며, 풍랑을 넘어 나아가고자 한다. 적어도 남들이 8년 간 할 일을 4년 동안 해 내고 있다는 자부심은 있다.

　이런 시기에 아직까지 사회에 기여할 수 있는 기회가 내게 주어졌다는 사실에 감사하다. 나를 믿어주시고 또 만나면 칭찬을 아끼지 않으시는 구민들을 볼 때마다 '마지막까지 최선을 다해 뭐든 해내리라'라는 다짐을 한다. 애매하게 적당히 하지 않고, 위험을 피하지 않고 책임을 다하리라.

산복도로-망양로

예전부터 도시의 미래를 생각해 아이 키우기 좋은 도시를 만들기 위한 노력을 많이 했다. 아이를 위한 시설도 많이 만들고, 교육프로그램에도 각별한 신경을 썼다.

우리 동구는 노인 인구가 전체 인구수의 30%에 육박하는 노령화 사회이지만, 출산율도 부산 지자체 중 4위이다. 그만큼 젊은 사람들이 유입되고 있으며 이곳에서 아이를 낳아 기르기로 마음을 먹는다는 의미다. 최근 언론보도에 의하면 우리 부산 동구가 생활 체류 인구 비중이 전국 1위로 가장 높았다. 이같은 사실에 인구감소 지역으로서는 퍽이나 고무되어 있다.

동구는 미래 인구감소 지역으로 지정됐지만, 또 한편으로는 향후 주거환경 개선과

초량 168계단 경사형 엘리베이터

북항 재개발, 대지 개발 등 인구 증가의 잠재적 요인 역시 인정받고 있다.

우리 동구는 노인과 젊은이가 공존하는 도시로서 그 흐름을 이어가려 노력하고 있다. 수정산꿈자람터와 같은 야외 대형 놀이터 시설을 만들어 작년에 행안부 장관 표창을 받기도 했다. 아이들을 위한 복합문화공간도 여러 군데 짓고 있다. 들락날락 어린이복합문화센터를 현재 4군데에 짓고 있다. 우리동네 ESG센터에서 폐플라스틱을 이용한 장난감 도서관도 만들었다. 이외에도 아이들과 엄마를 위한 정책과 기반 시설들을 선제적으로 만들어 가고 있다.

인구정책으로만, 사회복지 차원으로만 바라보던 가족 사업 분야가 내게도 피부로

생활 체류 인구 비중
부산 동구 전국 1위

부산일보 2025.4.21

부산 동구가 전국 인구감소지역 중 생활 체류 인구 비중이 가장 많은 곳으로 나타났다. 동구의 주민등록인구가 100명이라면 생활 체류 인구는 85명에 달했다. 국토연구원은 이들이 지역에서 각종 서비스를 받을 수 있도록 생활등록제를 도입해야 한다는 제언을 내놨다. 생활 체류 인구는 주민등록은 딴 곳에 두고 실제 생활은 해당 지역에서 주로 하는 경우를 말한다.

출처 : https://www.busan.com/view/busan/view.php?code=2025051318333675456

확 와 닿는 계기가 생겼다. 한창 이 책을 준비하던 5월 중순, 손주가 태어났다. 둘째 아들 태언이네가 안겨준 첫 손주다. 둘째 아들네 부부가 아이를 가지기 위해 애쓰고, 어렵게 임신에 성공하는 과정을 지켜보며, 요즘 젊은 부부들의 난임 문제에도 관심을 가지게 되었다. '아이를 낳고 키우기 좋은 도시란 무엇일까'라는 고민도 더욱 진정성 있게 다가오기 시작했다.

첫 손주는 내게 새로운 목표를 주었다. 좋은 할아버지가 되도록 노력하자는 것이다. 어떻게 하면 좋은 할아버지가 될까, 더 좋은 사람이 될까.

결국 약자를 비추는 등대가 되어야겠다는 초심으로 돌아간다. 소외감, 상대적 박탈감을 느끼는 주민들을 위한 '비빌 언덕'이 되어주는 것이야말로 구청장이 해야 할 처음이자 마지막 일이다. 주민들의 삶을 상향 평준화시키고, 미래를 꿈꿀 수 있게 만들어주는 일이다.

구민들과 공감대를 형성하고, 눈을 맞추며, 너무 앞질러 가지도, 너무 뒤 떨어지지도 않게 발걸음을 맞춰 걸어갈 것이다. 내가 없어도 구내 소통이 원활하도록 기반을 마련하고 디딤돌을 단단히 다져 놓을 것이다.

나의 첫 손주가 만날 세상이 지금보다 더 나은 곳이 되도록. 오늘도 나는 꿈을 현실로 만들기 위해 달린다. 그 미래가 '억수로' 기대된다.

동구 포토에세이

명란브랜드 연구소

명란을 활용한 지역특화 미식관광 브랜딩 추진의 일환으로 조성된 공간으로 다양한 컨텐츠를 제공하여 층별로 즐길거리가 다양하다. 3~4층에는 명란 카페테리아가 조성되어 있어 명란을 활용한 먹거리와 다양한 음료를 즐길 수 있고, 2층에서는 명란 식품과 명란 삼남매 캐릭터 굿즈를 만나볼 수 있다. 5층에는 루프탑이 조성되어 북항 전경을 한눈에 바라볼 수 있어서 관광객에게 볼거리를 선사한다.

주소 영초윗길 22-1

**망양로
산복도로 전시관**

바다를 바라보는 길인 '망양로'는 동구를 중심으로 서구와 부산진구를 연결하고, 산자락 주거지와 생계 터전을 잇는 원도심의 대동맥이다. 산복도로 전시관에서는 6.25전쟁 피란민들의 애환이 담긴 모습과 도시재생을 거치며 활력을 되찾은 산복도로의 현재 모습까지 볼 수 있다. 산복도로 전시관은 아카이브존, 미디어아트존, 플레이존, 기념품 체험존으로 이루어져 있으며 <동구의 소리풍경>도 직접 들어보고, 망양로에 얽힌 생활사도 알아보면서 산복도로의 풍취를 오롯이 느껴볼 수 있다.

주소 망양로488

이바구 공작소

산복도로의 역사와 이야기를 수집하여 담아낸 공간으로, 골목골목을 따라 근현대사를 살아오신 어르신들의 삶이 녹아 있고, 그 어르신들의 소중한 기억자산을 바탕으로 과거를 통해 미래를 꿈꿀 수 있는 자료가 있는 곳이다. 이바구공작소 전망대는 북항 전망을 막힘 없이 볼 수 있는 초량이바구길의 명소 중 하나이며, 달조형물이 있어 주·야간 포토존으로 인기가 많다. 1층에는 옛날 교복 체험공간이 있어 방문객으로 하여금 추억여행을 떠날 수 있는 소중한 시간을 만들어 드린다.

📍 **주소** 망양로486번길 14-13

장기려기념
더나눔센터

'한국의 슈바이처'라고 불릴 만큼 어려운 처지의 이웃들을 돌보는 데 헌신한 성산 장기려 박사의 뜻을 기리기 위해 개소한 곳이다. 기념관 전시실에는 장기려 박사의 발자취에 대한 기록과 관련 물품이 전시되어 있다. 또한, 장기려박사의 생전 모습처럼 현재 이곳에서는 주민들의 건강 증진과 문화 생활 지원을 위한 다양한 프로그램을 운영 중이다.

📍**주소** 영초윗길 48

북항 친수공원

부산항 북항친수공원은 2008년부터 시행된 부산항 북항 1단계 재개발사업의 기반시설 중 하나다. 북항 1단계 구역 내 전체 친수 공간 19만6000m²중 조성된 18만m²가 이른 새벽부터 늦은 밤까지 개방되어 언제든지 보고 느끼고 즐길 수 있는 휴식공간이자 힐링공간이 되었다. 경관수로를 따라 이어진 수변 산책로와 야생화 단지, 잔디마당 등 수경 시설을 갖춘 휴식 공간으로 해가 지면 경관조명과 어우러져 더욱 멋진 야경을 감상할 수 있다.

📍 **주소** 동구 이순신대로 164 일원

부산
차이나타운

차이나타운은 1884년 청나라 영사관이 지금의 화교학교 자리에 개관한 후 청국 사람들의 주거를 겸한 점포가 밀집 형성되어 '청관거리'로 부른데서 유래하였으며, 1993년8월24일 부산광역시와 상해시 양 도시 간 자매결연 이후 '상해거리'로 부르게 되었다. 이 지역의 발전을 위해 2007년 부터 2023년까지 '차이나타운 특구'로 지정받게 되었다. 이곳은 한중 양국의 역사와 문화가 공존하는 교류의 장으로 또한 다양한 중국음식의 진미를 느낄 수 있는 체험의 장으로서 관광객에게 볼거리, 먹거리, 문화공간을 제공하는 중국풍을 느낄 수 있는 관광지다.

📍주소 동구 초량동 1109 일원

초량동 일본식가옥 (오초량)

1925년 철도부설 사업을 위한 토목회사를 운영했던 일본인의 주택으로 건립되었고, 해방 이후 일맥문화재단의 창립자인 황래성 선생에 의해 인수되어 주택으로 사용되었다. 현재 '오초량'이라는 이름으로 일맥문화재단에서 전시관으로 운영하고 있다.

📍 주소 동구 고관로13번나길 22

수정동 일본식가옥 (문화공감 수정)

1943년 일본인 재력가에 의해 지어진 일본식 주택으로, 고급 요정 정란각으로 운영되면서 그 이름대로 불리기 시작했다. 현재는 '문화공감 수정'이란 이름으로 다양한 문화체험 프로그램을 운영 중이며, 영화, 뮤직비디오 등의 촬영장소로 유명하다

📍 **주소** 동구 홍곡로 75

**수정산
꿈자람터**

동구 수정산에 있던 무단경작지를 활용하여 조성한 곳으로, 주변에는 숲으로 둘어싸여 있으며 부산 북항 바다를 볼 수 있어 아이들이 자연과 교감을 통해 정서함양에 기여할 수 있으며 놀이기구 뿐 아니라 다양한 휴식공간이 마련되어 모든 세대가 즐길 수 있어 가족나들이 장소로 최적이다. 수정산꿈자람터는 생태, 모험, 에너지 3개의 놀이터로 구성되어 있어 영유아 및 초등학생들이 다양하게 이용 가능하며 각각의 테마별 놀이시설을 통해 아이들의 자연 감수성, 사회성 발달 등에 도움을 주는 곳으로 인기가 많다.

📍 **주소** 동구 수정동 721번지 일원

부산진성

임진왜란 당시 일본군은 부산성을 함락하고 동남쪽 해안가에 자성대왜성을 쌓았다. 난이 끝난 뒤 조선수군이 이를 부산진성으로 사용하였다. 일제강점기 때 성을 철거하며 옛 모습은 거의 사라졌지만 나라를 지킨 선열들과 조선수군의 오백년 역사를 간직한 곳으로 도심 속에서 과거를 엿볼 수 있는 이색적인 공간이다.

📍 **주소** 자성로 99

안용복 기념
부산포 개항문화관

부산포 개항의 역사를 기억하고 독도를 수호한 안용복 장군을 기리기 위해 만들어진 문화관이다. 안용복 장군이 1, 2차에 걸쳐 일본에 건너갔던 행적과 부산포 왜관, 두모포왜관, 영가대, 정공단 등 동구 유적 자료가 전시되어 있다. 외부 전망대에는 안용복장군의 도일선 복원 모형이 전시되어 있어 포토존으로 손색이 없다.

📍 **주소** 증산로 100(독도주차장 5층)

책마루 전망대

'책마루전망대'는 성북시장 '웹툰이바구길'의 마지막 지점에 있는 동구도서관 옥상에 조성되어있으며, 관람객들이 산복도로와 부산항의 수려한 풍광과 야경을 한 눈에 감상할 수 있는 곳이다. 동구도서관 입구에서 '책마루전망대'까지 높이 20.2m의 경관 엘리베이터가 설치돼 이용객이 산복도로를 조망하며 오를 수 있고, 연필 모양의 원형계단, 책 모양의 벤치와 조형물, 옛 텔레비전 모양의 조형물 등 포토존으로 손색이 없다.

주소 성북로36번길 54 (옥상)

**만화카페
VR체험관**

만화카페 VR체험관에는 유명작가의 웹툰 단행본부터 장기 연재되고 있는 유명 만화책 800여 권이 비치되어있어 남녀노소 누구나 편안하게 웹툰과 만화책을 즐길 수 있다. 또한 VR기기를 이용하여 유명 웹툰을 생생하게 감상할 수 있고, 동구 전역의 산복도로와 북항을 열기구 형태의 VR로 체험할 수 있는 공간도 마련되어 있어 색다른 경험을 할 수 있다. 만화를 보면서 간식(라면)을 먹을 수 있는 공간도 있어 옛날 만화방에서 만화를 보며 라면을 먹던 추억이 떠오르는 공간이다.

📍 주소 성북로 31

동구
만화체험관

만화의 특색이 살아있는 성북웹툰이바구길 내에 있는 전시 체험시설로, 1883년 근대 만화도입기부터 현재 웹툰까지 우리나라 만화의 시대적 변천사를 한눈에 볼 수 있다. 방문객이 직접 색칠한 동물 그림이 살아 움직이는 3D 애니메이션을 감상할 수 있고, 태블릿을 이용하여 웹툰을 직접 그려볼 수 있어 만화에 대한 추억이 있는 어른과 웹툰 작가를 꿈꾸는 청소년들에게 큰 인기를 얻고 있다. 또한 만화책과 웹툰이 전시되어 있어 아이들에게도 친숙하고 어른들에게는 어린 시절 추억의 향수를 제공하는 이색적 공간이다.

주소 성북로 42-1

동구 문화플랫폼 시민마당

방치되어 있던 부산진역사를 17년만에 다시 개조하여 주민의 품으로 돌아온 시설로, 다양한 문화 콘텐츠를 담는 동구의 대표 복합문화공간이다.

📍 주소 중앙대로 380

존경하는 동구민과 함께 만들었습니다.

사랑하는 동구민의 작은 목소리에도
항상 귀 기울이고, 더 열심히 일하겠습니다.

고맙습니다.
사랑합니다.

헬멧 쓴 구청장

2025년 6월 16일 초판 1쇄 발행

지은이 | 김진홍

펴낸이 | 한부귀
취재지원 | 김경민
디자인 | 한국학술정보(주)

펴낸곳 | (주)더 한스
출판등록 | 제2021-000052호
주　소 | 서울특별시 종로구 홍지문길 56 6동 104호
전　화 | 02-6925-0761
팩　스 | 0504-035-6138
이메일 | thehans0765@naver.com

ISBN 979-11-974333-5-1 (93340)

- 이 책은 저작권법에 따라 보호받는 저작물이므로 무단전재와 무단복제를 금지하며 이 책 내용의 전부 또는 일부를 이용하려면 반드시 저작권자와 (주)더 한스의 서면 동의를 받아야 합니다.
- 잘못된 책은 구입하신 서점에서 바꾸어 드립니다.
- 책값은 뒤표지에 있습니다.
- 별도 표기하지 않은 사진의 출처는 모두 부산광역시 동구청 제공입니다.